I0173954

8ª R
27399

ACADÉMIE DE BESANÇON

DIRECTIONS PÉDAGOGIQUES

La Classe de Français

AUX COURS MOYEN & SUPÉRIEUR

FÉVRIER 1914

BESANÇON
LA SOLIDARITÉ, IMPRIMERIE COOPÉRATIVE
6 et 8, rue Gambetta, 6 et 8

1914

La Classe de Français

AUX COURS MOYEN ET SUPÉRIEUR

Coup d'œil d'ensemble

a) Progrès du cours et nécessités nouvelles

La classe qui nous arrive est donc capable de construire et d'exprimer les idées simples qui « naissent des rapports des images ». Bien plus, d'une logique de jour en jour moins étourdie, moins courte d'haleine, elle commence, d'une part, à tourner ses idées les plus familières en menus raisonnements, de l'autre, à suivre des fragments moins concrets et moins brefs de la pensée d'autrui.

Au cours *d'initiation* succède le cours de *plein exercice*. On cultivait l'esprit surtout par les sens et l'imagination représentative ; maintenant l'observation devient plus intellectuelle, entre plus loin dans les rapports moins apparents, fait un usage plus actif et plus soutenu des facultés de réflexion, de raisonnement, d'imagination créatrice. — On s'efforçait surtout de présenter une matière appétissante, un exercice agréable, de faire prendre goût ; maintenant que le goût monte à l'esprit, il importe d'instituer un plaisir plus âpre, celui de comprendre et de trouver par soi-même. En un mot, il convient, quelle que soit la témérité de l'ambition, de travailler à se rendre inutile, puisqu'aussi bien la plupart de ces enfants — faut-il que ce soit sitôt ! — vont nous quitter dans deux ou trois ans.

b) Progrès de la méthode

Essayons de préciser comment cette évolution de la pédagogie se marque dans la classe de français.

1° *Lecture expliquée*

Au cours élémentaire, la première vue d'ensemble se bornait à la lecture du texte par le maître. L'analyse suivait d'un pas menu, lisières tendues ; on arrêtait l'élève à la fin du premier paragraphe, on organisait celui-ci en un tableau intérieur sous lequel l'intelligence plaçait un titre bref, adéquat ; puis c'était seulement le tour du second, du troisième..., du dernier paragraphe. Il restait à coudre en synthèse totale les synthèses partielles. Tout l'édifice reposait sur une explication de termes très modeste, satisfaite lorsqu'elle avait fait tomber sous les sens ou levé dans l'imagination quelque bon exemple. Au cours moyen, sitôt finie la lecture par le maître, c'est la classe qui découvre les paragraphes, ébauche un premier raccourci de chacun d'eux et relie les résumés partiels en une première synthèse totale (1). Voilà qu'on aperçoit en gros :

1° le dessein de l'auteur,
2° les paragraphes que nécessite son dessein,
3° la fonction de chaque paragraphe dans le dessein général.

Reste, dans chacun des paragraphes, à déplier les termes dans le sens indiqué par la fonction du paragraphe.

Dès qu'un paragraphe est épanoui, le premier raccourci de tout à l'heure est repris en synthèse claire, caractéristique, et lorsqu'arrive la fin de l'exercice, la vue d'ensemble du début — maintenant conclusion harmonique de vues partielles plus exactes et mieux ajustées — s'érige à son tour en *synthèse totale, claire et caractéristique*. L'explication des termes, fondement de toute la construction, s'affermit-elle aussi par approches successives : du sens propre, éclairé quand c'est utile par l'étymologie, le mot passe d'abord au sens figuré général, puis choisit entre les divers aspects de la métaphore celui que désire l'intention du paragraphe et que nuance le contexte (2).

2° *Composition française*

Au cours élémentaire, l'exercice d'analyse-synthèse, ce trait d'union entre la lecture expliquée et la composition française, se bornait à résumer, à développer, à imiter, à dessiner dans un rayon très limité et d'un effort rendu facile par les souvenirs de la causerie, les suggestions du canevas, de la gravure, du vécu personnel. — Au cours moyen, l'élève fait, d'abord, encore tout cela, mais davantage par lui-même. Puis, peu à peu, la simple aptitude à comprendre et sentir se pénètre d'un esprit qui réfléchit en règles les exemples des textes. On ne se demande plus simplement ce que l'auteur a fait, on se rend compte de l'ordre qu'il a suivi, on se demande pourquoi il l'a suivi, on s'efforce de faire provision de l'exemple-conseil Du coup, la composition française commence à se hausser de nouvelles marches :

1) petit à petit, le sommaire se borne à des conseils, puis ceux-ci se réduisent insensiblement aux simples règles de bon sens qu'au cours précédent, le maître ne présentait que vivifiées dans le canevas inspirateur ;

2) ensuite, l'élève s'attache à donner à chacun des paragraphes que propose l'invention cette unité qu'on lui fait constater chaque jour dans les textes d'explication.

Ce n'est pas encore assez que l'élève tende vers le précis de l'observation, l'ordre de la pensée, l'unité de l'idée. A dix ans, on

---

(1) Même, dès que le progrès de la classe le permet, on invite les élèves à préparer tout seuls, à la maison de préférence, cette première pénétration des idées.

(2) Ici, comme tout à l'heure, l'élève s'exerce encore, en devoirs d'étude, à des essais de plus en plus personnels.

sait déjà écouter son cœur, beaucoup pour soi même, mais aussi un peu pour les autres ; le sentiment doit avoir ses émotions dans la page que nous lisons comme dans celle que nous essayons d'écrire. C'est bien le point le plus délicat. Toute habileté, toute méthode se résolvent cette fois en sincérité. Si vous êtes émus, vous émouvrez par simple contagion ; et, si votre élève est soumis à cette noble contagion, il saura donner une voix à son cœur. Encore faut-il montrer la réalité dans sa face émotive comme dans sa face intellectuelle ; encore faut-il que les images s'adressent à la sensibilité comme à la raison ; encore faut-il provoquer les occasions par le choix des textes de lecture et des sujets de composition française. Devons-nous ajouter que nous préférons la froideur à la sensiblerie et le silence aux ritournelles consacrées?

Enfin, il s'agit de faire connaissance avec des visages nouveaux de la composition française : narration sur canevas, développement d'une idée générale par vérification, par philosophie personnelles ; et, surtout, il s'agit de tourner en thèmes pratiques, tels que les posent les besoins de la vie, les divers types que l'on aura parcourus.

3° *Catégories diverses : lexicologie, analyse, grammaire, conjugaison, orthographe*

Comme au cours précédent, la lexicologie, l'analyse grammaticale ou logique, la grammaire, la conjugaison et l'orthographe ne sont, pendant la lecture expliquée, que de simples servantes dont le rôle reste strictement mesuré par les nécessités de l'explication. Leur leçon spéciale ne vient qu'au moment marqué à chacune par l'horaire.

Mais l'exercice s'approfondit ; les règles se formulent et se nuancent ; les « catégories » se coordonnent, s'entr'aident dans une solidarité mieux aperçue ; surtout, plus d'initiative revient à l'élève. Armé, non seulement de son dictionnaire, mais aussi de son « cahier des catégories (1) », il travaille sur le texte, l'esprit nourri de sa matière, l'œil attentif à sa forme, dans le cadre indiqué par le maître. Souvent même, on l'invite à préparer, avant la leçon de lecture, les notes dont aura besoin l'explication. Toujours on l'encourage à pratiquer dans le devoir de composition française les formes et les tours, les mots et les expressions, les règles-exemples qu'on vient d'étudier.

La dictée subsiste en synthèse d'application des diverses catégories. Mais elle se fait plus rare et cède volontiers bonne partie de son temps à la composition française, beaucoup plus exigeante en l'orthographe comme en ses autres parties.

Conclusion. — La lecture expliquée et la composition française deviennent plus nettement encore *les deux pôles* de la classe de français ; celle-ci demande aux élèves toujours plus d'initiative et de réflexion.

---

(1) Voir plus loin.

**

Choix du texte

Si nous avons bien imaginé cet enfant de neuf à dix ans et la pédagogie qui lui est bonne, il semble que les textes des cours moyen et supérieur vont s'étendre en paragraphes moins brefs, mêler le figuré au propre, l'abstrait au concret, fournir l'esprit autant d'idées que d'images, le tout dans cette naturelle convenance entre les textes et les élèves que les maîtres sentent, d'expérience, à la première lecture des pages que soupèse la préparation. Les morceaux seront toujours choisis dans l'agréable variété que nous avons entrevue au début de l'étude précédente, mais, — sans cesser d'être accessibles, — ils exprimeront des pensées plus hautes dans une langue moins vite traversée.

Après *Ménalque à l'église* (La Bruyère), voici *la Servante au comice agricole* (Flaubert); après *Jeanne au pain sec*, les *Contes de ma grand'mère* (Richepin); après les souvenirs d'écolier de M. Lavisse (*le père Matton*, *M{me} Adèle*), ou d'Erckmann-Chatrian (*le curé Christophe*), voici ceux de Legouvé (*la Patte de dindon*) et de Michelet (*le Pain d'épice*); des *Garçons tailleurs*, nous passons au *Maître de philosophie*; du *Bourgeois gentilhomme*, à *l'Avare* (Harpagon suspecte les poches de cet honnête La Flèche, les ordres d'Harpagon pour le gala, les brocards de maître Jacques); après Molière, nous saluons Corneille (la *Provocation*, le *Combat contre les Maures*), Racine (*les doléances de Petit Jean*, peut-être le *Songe d'Athalie*), Boileau (*les Embarras de Paris*, etc.); La Fontaine nous ouvre de nouvelles fables comme *le Renard et le Bouc*, *le Cochet, le Chat et le Souriceau*, etc.; aux *Bourgeois de Calais* succède le *Capitaine du Normandy*; au *Carrosse renversé*, la *Mort de Turenne*, etc., etc. En un mot, tous les genres que nous avons proposés au cours élémentaire sont encore offerts au cours moyen, mais dans des textes qui montent à mesure qu'il grandit. Même, nous atteindrons parfois quelqu'une de ces vérités générales sur lesquelles l'humanité fonde sa philosophie et sa conduite. Ex. : « Voici la dent d'un homme qui vécut au temps du mammouth... » (*Le livre de mon ami*); la Mort du Colporteur (*Jocelyn*); un Songe (*les Epreuves*); Unité (*Contemplations*); la Conscience (*Légende des siècles*). « C'est chose étrange que les travailleurs ne songent pas davantage à l'immense utilité de leurs peines... » (*De l'Education personnelle*); etc., etc.

Comme au cours élémentaire, on mêle la prose à la poésie, on rapporte à la classe les trouvailles de la lecture personnelle; on insère dans le fonds commun qui nourrit aussi bien fillettes que garçons, — et suivant l'école, — tantôt des pages plus proprement éducatrices de la femme, tantôt des pages plus spécialement préceptrices de l'homme.

Plus encore qu'au cours élémentaire, on se montre sévère sur le choix de l'auteur. Les « botteleurs de matières cent et cent fois grabelées (1) » n'ont pas le droit de franchir le seuil du cours moyen : leur platitude n'est pas « le viatique » qui convient au peuple et leur nom ne doit point dérober une survie de criante

---

(1) Rabelais.

injustice. Sans doute, on ne se borne pas à la vingtaine de grands Français qui de Rabelais à Victor Hugo méritent l'immortalité; sans doute, on essaie de réunir d'Homère à Tolstoï quelques-unes des pages qui honorent l'humanité; sans doute, on se rappelle que, parmi nos Français, d'autres encore que les plus illustres « ont exprimé sous une forme accomplie des sentiments et des pensées dignes de présider à une vie d'homme (2) »; mais qu'on laisse donc à la porte les « Pécontal et les Piédagnel ». Même, il est juste de n'accorder la biographie qu'aux seuls « dieux majeurs »; aux autres, une simple notice suffit : c'est à la fois donner au génie le renom qu'il mérite et le distinguer du talent. — Ainsi l'élève du cours moyen ne sera nourri que des seules « belles, bonnes et substantielles pages (1) »; ainsi il ne mettra plus haut dans son respect reconnaissant que les seuls qui doivent être mis hors de pair.

***

Les outils de la classe de français

a) LE LIVRE DE LECTURE EXPLIQUÉE

Ordonnance des textes. — Ne demandons pas au recueil des morceaux choisis d'autre qualité que cette délicatesse du goût dans la riche variété des genres. Qu'il ordonne les extraits par auteur, par genre, ou par matière, peu nous importe. Ici, comme au cours élémentaire, ce n'est pas le numérotage des textes ou des feuillets qui peut lier, c'est le souci de l'opportun. Quand un maître connaît son livre et sait ce qu'il veut enseigner, il a tôt fait de trouver la page la plus propice à son dessein.

On dira : « Comment fournir du même texte la règle de grammaire, le point d'analyse, la tranche de vocabulaire, le type de composition française auxquels nous atteignons dans la poursuite méthodique de nos programmes spéciaux? »

Mais, d'abord, la meilleure méthode n'est-elle pas d'ordonner des enseignements si voisins en un tel agencement que, se prêtant un mutuel appui, ils puissent du coup prendre nourriture au même texte de départ? — Cette considération est-elle toujours possible? — Elle ne l'est jamais au moniteur qui, nez baissé sur le rôlet du quart d'heure, ignore tous les autres et ne voit plus rien ni en deçà, ni au delà du morne paragraphe qu'il vient d'entamer. Elle le devient de plus en plus au maître qui domine sa matière, aperçoit les membres épars d'un même corps et rapproche ce qui s'appelle. Les exemples viendront tout à l'heure.

Ensuite, si, peu familiers avec cette harmonique ordonnance, nous n'apercevons dans un texte que la nourriture de notre seule leçon de grammaire, eh! bien, nous n'y prendrons que celle-là. — « Mais, pardon, demain mardi, mon texte ne sera pas terminé et l'emploi du temps me commande une leçon de vocabulaire, et ma répartition mensuelle me désigne le préfixe *ad* et ses va-

---

(1) F. Pécaut.

riantes, et le texte ne renferme pas un seul des exemples qu'il faudrait ! » Est-il bien sûr que ce ne pourrait être le tour d'un autre préfixe ? Est-il bien sûr que si le texte ne renferme pas de mots formés avec ad, ac, al, ap, av, as, at, on ne puisse du moins trouver chez lui une bonne douzaine de mots assez complaisants pour se coiffer volontiers d'un préfixe si accommodant ? Est-il bien sûr que l'inspecteur vous dresse procès-verbal parce que, mardi, vous aurez continué tout bonnement la leçon de grammaire au lieu de ne la reprendre que mercredi ? Est-il bien sûr que le bulletin n'écrira pas : « Mais, mon cher instituteur, pénétrez donc les rubriques de l'emploi du temps de la même souplesse que nous souhaitons à vos programmes ? » Est-il bien sûr.... Mais non, laissons ce pauvre préfixe trouver son texte, attendre son tour et n'en parlons plus.

Ressources du livre : exercices, explications. — D'ailleurs, les recueils édités en ces derniers temps secourent non plus seulement la pénétration du texte, mais encore toutes les autres parties de la classe de français. Après des notes explicatives, souvent très copieuses, l'éditeur indique quantité d'exercices et de questionnaires qui sortent du morceau.

Quelques-uns de ces modernes outils sont particulièrement heureux dans le sentiment des coins d'ombre et la qualité des lumières qu'ils y placent, comme aussi dans le caractère actif des thèmes proposés et leur adhérence au texte. D'autres sont plutôt professeurs d'à peu près et donneurs de mauvais conseils.

Un instituteur intelligent, personnel, ne s'abandonne jamais à la remorque du meilleur ; jamais, surtout, il ne s'annule jusqu'à simplement compléter le livre de l'élève par la lecture du livre du maître. Il trouve, il utilise avec plaisir des formes préparées qu'il estime, mais il étudie lui-même son texte, il apprête lui-même ses explications, les accorde, d'une part, à sa manière de faire vivre un texte, de l'autre, aux connaissances, à la spéciale imagination, au vécu particulier, à l'ouverture d'esprit de ses élèves ; il donne lui-même aux exercices, aux devoirs greffés sur le texte, le mode, le degré et le tour que désirent et la conduite harmonique et progressive de ses leçons et la force ou la faiblesse de ses élèves.

Le livre idéal qui réunirait les plus belles et les plus simples pages des plus grands, qui les traverserait de la plus vive lumière, qui fonderait sur elles, dans une coordination et une gradation également idéales, l'enseignement du français en toutes ses parties et s'ajusterait encore chaque jour à la classe chaque jour ondoyante et diverse, ce livre n'existe nulle part. Mais le bon maître qui glane de ci, de là, qui invente ou refait, qui saisit l'occasion passant l'oreille à cent pas du manuel comme aussi la perle toute choisie dans le livre, qui, sans cesse, remet sa matière sur le métier d'un dessein plus philosophique, celui-là le trouve bien souvent, le livre idéal, et lui seul le peut rencontrer.

Illustration. — Nous voudrions que toutes les lectures fussent illustrées d'une façon très artistique et que la gravure ne perdît jamais la netteté d'exécution sans laquelle devient impossible la moindre délicatesse dans son analyse.

Quelques livres nouveaux ont eu l'excellente pensée de consacrer, de place en place, toute une page à la reproduction d'un chef-d'œuvre de peinture, de sculpture parfois, accessible aux enfants. Lorsque ces « pages de beauté » sont lisibles jusque dans les moindres détails, elles offrent à la composition française des tentations qu'on ne saurait trop accueillir. Mais lorsque la grossièreté du procédé estropie le clair chef-d'œuvre en obscur barbouillage, lorsque détails du paysage, expressions des figures, significations des gestes deviennent illisibles, que peuvent bien, sur ce voile d'incertitudes, broder nos étourdis d'écoliers ? Vers quelles profanations ne peuvent-ils détourner la pensée de l'artiste ? Nous avons vu *Les Casseurs de pierres* de Courbet devenir des voleurs arrachant de nuit les pommes de terre d'un champ, et nous confessons que la méprise était possible. — Nous verrons plus loin l'intelligent procédé qui fait correspondre à tel chef-d'œuvre de l'artiste la belle page qu'il inspira, à tel passage célèbre de l'écrivain, la saisissante vision qu'il provoqua.

b) Le livre de lecture courante

« C'est en général une petite encyclopédie qui promène l'enfant autour de son pays ou même à travers le vaste monde. On lui fait voir, au cours de cette promenade, tout le spectacle de l'activité terrestre, et l'on dégage à ses yeux, de temps à autre, la leçon de travail, la leçon de morale que comporte l'humaine industrie. » (M. Doliveux, *Revue Pédagogique* du 15 mars 1905.)

Quel rôle ne doit-il point usurper ? Quel rôle lui revient ?

Il faut distinguer parmi les livres de lecture courante le petit nombre de ceux qui, sans outrager le vraisemblable, sans méconnaître ni l'unité de plan, ni l'aimable et correcte simplicité, savent faire surgir des hasards du chemin tantôt la claire parole de science érudite, tantôt la persuasive éloquence des pensées et des sentiments. Mais les autres ? Quels désagréables et quels pitoyables outils pour le maître de français ! Pas d'unité, ni dans le chapitre, ni dans le paragraphe ; ce ne sont qu'enchevauchures et tête à queue ; comment y dépêtrer une idée générale qui n'existe pas, comment débrouiller des paragraphes qui se remêlent à mesure qu'on les sépare ? Et la langue ? Ce ne sont que paroles « exsangues et décharnées » d'un abstrait filandreux. Rien qui happe à l'attention et fasse sourdre la salive gourmande de la curiosité. Comment de cette platitude et de cette confusion sortir une leçon de logique et de goût ?

Et les premiers ? — Les premiers non plus, quelle que soit leur utilité spéciale, ne peuvent remplacer le recueil de morceaux choisis. Leur intention didactique elle-même les contraint à revêtir l'habit de la causerie explicative : s'ils ne veulent point, à chaque pas, perdre ou rompre le fil de leurs « monstrations », il leur faut, le moins possible, sortir des tours ordinaires et des expressions courantes et n'introduire aucun vocable technique sans l'expliquer aussitôt. Bon gré, mal gré, sous peine d'échouer dans leur but capital qui est d'enseigner « de tout un peu », il leur faut épouser une langue pour enfants. Or, notre but n'est pas d'abaisser le français à la taille de l'enfant, mais tout au contraire de le soulever vers lui.

Puis, toujours en raison de ce dessein d'instruire en telle ou telle matière, il arrive nécessairement que l'intérêt de l'esprit n'est plus dans la seule analyse de la pensée-parole, mais dans les choses que la langue semble pousser devant soi. Je n'envisage plus pour eux-mêmes ni les éléments de votre pensée, ni la conduite de votre discours, ni la beauté de votre parole, je suis uniquement pressé de connaître le secret de l'énigme et ma pensée n'écoute la vôtre que pour se mieux hâter vers l'évidence. Quand je lis *Après la bataille*, c'est aux images, aux actions de la poésie que je me prends ; mieux je la respire tout entière, plus je suis heureux. Mais quand j'écoute une leçon sur les antipodes, je n'ai plus qu'une obsession : comprendre, au plus vite, pourquoi mes semblables peuvent, de l'autre côté de la « machine ronde », marcher la tête en bas. Et vous-même, maître qui dirigez ma lecture, vous devenez beaucoup plus attentif à m'enseigner physique ou géographie qu'à m'apprendre le français, vous quittez la leçon de langue pour vagabonder en plein champ des leçons de choses.

Non, le livre de lecture courante ne sera pas le livre de travail de la classe de français ; il sera seulement son livre de récréation. Il apporte cette lecture aimable qui, dans le plaisir de l'acte, assouplit déchiffrement et phonation, incline au ton de nature ; qui, simplement piquée d'une lumière, arrêtée d'une réflexion, se loge aussitôt en cervelle ; qui délasse autant qu'elle instruit et donne aux enfants le goût de lire.

« Il est bon, et même nécessaire, de lire en vue de donner à
« l'esprit de l'air, de l'espace, du libre jeu, sans se préoccuper
« toujours de réfléchir et de *digérer*. C'est la sorte de profit que
« nous retirons des journaux, du commerce social..... Appliquer
« notre esprit avec suite, le plier à l'effort habituel de penser,
« c'est la règle par excellence... Mais la tension sans relâche,
« la réflexion obligée à chaque lecture serait une autre cause de
« stérilité en paralysant la spontanéité de la pensée et du senti-
« ment où se retrempe sans cesse le pouvoir même de réfléchir. »
(F. Pécaut).

Sans rien préjuger des urgences accidentelles, il semble que, dans le général, trois lectures expliquées et deux lectures courantes pourraient se partager la semaine. L'une de ces dernières serait *libre*, c'est-à-dire que l'élève pourvu du dictionnaire s'exercerait tout seul et tout bas à lire et comprendre un chapitre. Il rendrait compte de son travail dans l'une ou l'autre des vingt formes orales que le maître aperçoit.

c) Le livre de bibliothèque

Voilà le grand maître de l'imagination et de l'aptitude à se dire : insensiblement, sans effort, en plaisir toujours plus vif, l'enfant, assidu à cette parole intérieure qui lui semble de plus en plus être la sienne propre, prend le pli de la correction, varie les tours en inconscient écho et remue les pensées dans la force et la clarté de mille souvenirs accourus, il ne sait d'où, pour aider à son dessein.

Encore faudrait-il provoquer cet appétit de lecture et lui donner les moyens de se nourrir. Trop de maîtres, trop d'institutrices surtout, oublient la bibliothèque. Celles-ci envoient mollement les fillettes à l'école des garçons où l'instituteur leur donne n'importe quel « rossignol »; ceux-là laissent se perdre les crédits communaux ou n'insistent pas assez auprès des municipalités. Toute école de filles doit avoir sa bibliothèque spéciale et toute bibliothèque, la ressource d'argent sans laquelle elle meurt tôt ou tard. — Mais, supposons que les livres soient là, variés, cueillis parmi les plus friands. Tout reste à faire. Il ne suffit pas que deux ou trois enfants, toujours les mêmes, viennent en faire leurs délices; il faut que toute la classe se mette en appétit. On pourrait choisir l'un des plus intéressants, *Sans famille*, par exemple, comme *livre de lecture par le maître*. Deux fois par semaine, il (1) en lirait, de son mieux, quelques pages. Dès la première ligne : « Je suis un enfant trouvé », voilà des auditeurs attentifs et Barberin n'est pas revenu de Paris pour retirer de la poêle la plus belle crêpe du monde que chacun voudrait que le maître ne s'arrêtât plus jamais. Quand le livre se ferme, ce sont des « encore » suppliants, et, d'une lecture à l'autre, la classe entière conspire pour tirer d'affaire le pauvre Rémi..... Le maître insinue bientôt qu'il y a dans la bibliothèque d'autres livres bien beaux également; il les choisit aux goûts des plus appliqués en une sorte de récompense très accessible. Les premiers lecteurs, tout flattés de la distinction, exaltent aux camarades don Quichotte, Gulliver et Robinson; et voici chacun pressé de connaître des aventures aussi merveilleuses..... D'autres fois, c'est une lecture expliquée de George Sand ou d'Erckmann-Chatrian qui donne l'occasion de jeter, comme en passant, que *la Petite Fadette* ou *Madame Thérèse* sont bien intéressants... Souvent encore c'est à des curiosités amorcées par une leçon de géographie, de sciences, de morale ou d'histoire qu'on révèle *les Récits de la Vieille France*, *le Roman d'un brave homme*, *le Voyage au centre de la Terre*, ou *le Tour du Monde en 80 jours*. Inscrire des prêts au catalogue n'est rien encore : le livre est si long, le lecteur parfois si maladroit à sonner et rythmer en voix intérieure le grimoire imprimé qu'il faut craindre les défaillances de la meilleure intention. Inquiétez-vous donc de savoir si le chapitre s'avance, si le livre plaît; parlez avec l'enfant des pages déjà lues — lui, rappelant ceci, et vous, cela —; levez un regard de convoitise vers les pages prochaines et faites promettre qu'on viendra vous dire « si c'était beau. » Permettez, de temps en temps, qu'aux heures de la lecture libre, le livre de bibliothèque remplace celui de lecture courante : la joie de l'un incite l'autre à essayer si cette joie ne pourrait devenir la sienne, et ce qu'on a lu engage bien souvent à rouvrir le volume après la classe..... Enfin, il arrive que des pères abusés n'aiment pas que l'enfant « perde son temps » à lire des « sottises »; ils le renvoient à sa grammaire, à son arithmétique : c'est à vous d'intervenir amicalement et d'obtenir qu'on estime la lecture au prix du meilleur devoir de français qui se puisse donner pour la maison.

---

(1) Jamais le maître ne cédera son rôle aux élèves. Il s'agit d'allécher, de captiver, d'inspirer l'impatient désir de posséder à soi, pour s'en délecter, de pareils enchantements. Risquer une telle partie entre les maladresses de voix, les contresens, les hésitations et les reprises d'un lecteur enfant, c'est tout jeter par terre. On change le plaisir d'entendre en corvée de suivre; on fait naître la répugnance, quand on pouvait obtenir l'enthousiasme.

d) LE CAHIER DES CATÉGORIES

Nous allégerions le sac de l'écolier de tout manuel de grammaire, de vocabulaire ou de composition française. Sa leçon ne doit-elle pas sortir des modèles mêmes de la pensée écrite ? Qu'a-t-il besoin de thèmes artificiels, verbalistes, si incohérents parfois que l'esprit affolé n'est plus qu'une girouette dansant d'une pointe à l'autre de la rose des idées ? Sa leçon n'est-elle pas toute en exercices formateurs d'habitudes ? Qu'a-t-il besoin de s'acharner aux définitions, aux subtilités, de cataloguer et de retenir en visage savant... et pédant ?

L'autre visage, celui de la pratique, nous suffit. Nous ne cherchons pas un théoricien : notre élève n'apprendra ni la grammaire pour la grammaire, ni le mot pour le mot, ni le tour ou la figure pour la figure ou le tour. « Il saura un peu de chaque chose », le rien qu'il faut savoir de tout pour aider la conversation de l'école, la lecture attentive, les divers essais de la parole ou de la plume à prendre voix de précepte en même temps que d'exemple.

Mais ce rien de technique, encore faut-il l'ériger, encore faut-il l'organiser, encore faut-il le mettre à la disposition permanente de la classe ?

Sans doute, et voici comment procéder.

Donnez à vos élèves un cahier à couverture solide — il sera tant feuilleté ! — Et, à chacune de vos leçons de français, faites-y transcrire le plan concret, c'est-à-dire nourri d'exemples, de votre causerie. Rien d'un cours développé, rien non plus d'un sec résumé : simplement des séries d'exemples, suivies de constatations ou de règles. — Nous proposerons des essais, lorsque nous en serons au chapitre des leçons à sortir du texte.

Les avantages de ce memento ?

D'abord, il naît de la classe même qui est vécue dans votre école, il est adapté à vos propres élèves dans toute l'ingéniosité que vous a suggérée le désir d'être bien compris et par votre Pierre et par votre Paul. Il est donc à espérer que, lorsque Pierre et Paul se reporteront au cahier, ils entendront sonner autre chose que des mots. Ensuite, vous échappez aux systèmes, aux longueurs, aux inutilités des manuels. Il vous est loisible de piller partout le meilleur de chacun, de tourner votre pédagogie aux lumières nouvelles et de tout ordonner dans un dessein intelligent qui, de jour en jour, se connaît et se réalise mieux. Enfin, au lieu de vous assoupir et d'assoupir avec vous votre escouade à l'ombre du manuel, vous devenez un esprit vivant, toujours plus impatient de faire vivre des esprits et de les élever avec vous à la personnalité.

LES PARTIES DE LA CLASSE DE FRANÇAIS

§ I. — La leçon de lecture expliquée.

§ II. — Exercices directement fournis de matière par le texte : l'esprit remâche la pensée du texte sous une salive nouvelle en même temps qu'il prend :
    soit l'usage d'un vocabulaire précis et serviable.
    soit l'habitude de la correction grammaticale et de la souplesse du tour.
    soit l'habitude de l'analyse et de la synthèse.
    soit l'habitude de la réflexion sur les idées et les sentiments.

§ III. — Exercices de récitation.

§ IV. — Exercices de composition française (1).

§ I — LA LEÇON DE LECTURE EXPLIQUÉE

A. — *Un mot sur l'auteur, s'il le mérite, mot intéressant, explicatif du texte* (2).
B. — *Lecture du morceau par le maître* (2).
C. — *Explication du texte.*

1. — Il convient de dégager l'unité d'intention

Il ne suffit plus, comme au cours élémentaire, que le maître seul pénètre d'abord « jusqu'à ce point de perspective, duquel tout s'ordonne et se déroule avec unité ». (Rudler, *l'Explication française.*) S'il faut travailler — et dans un délai si bref — à nous rendre inutile, il convient aussi — et le plus vite possible — d'essayer l'enfant aux parties difficiles que nous nous étions réservées jusqu'à maintenant.

Nous avons d'ailleurs préparé cet effort. Notre élève ne sait-il pas resserrer le paragraphe sur lui-même et construire les titres partiels en titre global ? Sans doute, en principe, le maître devait

---

(1) Il est inutile de répéter ici les précisions qui marquèrent (voir *Cours élémentaire*) à chacune de ces parties une place, une vie individuelles dans l'harmonie de la classe de français. Nous avons posé, d'autre part, comme un progrès permis au cours moyen, la possibilité de précéder la leçon de lecture expliquée de préparations personnelles choisies dans les exercices du § II. Enfin nous avons annoncé que les diverses parties de la classe de français allaient se lier d'une façon plus effective encore : non seulement nous les condenserons toujours autour du texte, mais nous établirons entre elles des concordances qui, tout en respectant le domaine de chacune, les fortifieront l'une par l'autre.

(2) Voir la *Classe de français au cours élémentaire.*

marquer les paragraphes et l'analyse du paragraphe précéder sa synthèse claire. Mais quel maître désireux de porter sa classe en avant n'a pas, de lui-même, profité des occasions favorables pour demander la distinction préalable des paragraphes et le provisoire raccourci de chacun d'eux ? Et ne l'aurait-il jamais hasardé, qu'à tout le moins, les élèves ont pris ce pli de considérer un texte comme un tout organisé dont il est possible de trouver l'intention et de tracer le plan.

C'est déjà beaucoup, et nous pouvons leur demander à présent d'apercevoir sous le voile des mots l'armature des idées et de saisir par celle-ci l'intention qui commande tout, du choix et de l'ordre des paragraphes au choix et à l'ordre des mots.

2. — Comment découvrir l'unité d'intention

Ce serait trop présumer de la classe que de lui demander à brûle-pourpoint : « Dégagez l'idée générale. » La suite d'idées la plus visible à travers le texte le plus limpide reste lente à s'ordonner en clartés exactes dans l'intelligence d'un écolier de neuf à dix ans. Nous allons assurer son nouveau pas de quelques précautions.

Le maître vient de lire :

Ex. : LE RENARD ET LE BOUC

Capitaine Renard allait de compagnie
Avec son ami Bouc des plus haut encornés :
Celui-ci ne voyait pas plus loin que son nez ;
L'autre était passé maître en fait de tromperie.
La soif les obligea de descendre en un puits :
    Là, chacun d'eux se désaltère.
Après qu'abondamment tous deux en eurent pris,
Le Renard dit au Bouc : « Que ferons-nous, compère ?
Ce n'est pas tout de boire, il faut sortir d'ici.
Lève tes pieds en haut, et tes cornes aussi :
Mets-les contre le mur : le long de ton échine
Je grimperai premièrement ;
    Puis, sur tes cornes m'élevant,
    A l'aide de cette machine
    De ce lieu-ci je sortirai,
    Après quoi je t'en tirerai.
— Par ma barbe, dit l'autre, il est bon ; et je loue
Les gens bien sensés comme toi.
Je n'aurais jamais, quant à moi,
Trouvé ce secret, je l'avoue. »
Le renard sort du puits, laisse son compagnon,
    Et vous lui fait un beau sermon
    Pour l'exhorter à patience.
« Si le ciel t'eût, dit-il, donné par excellence
Autant de jugement que de barbe au menton,
    Tu n'aurais pas, à la légère,
Descendu dans ce puits. Or, adieu ; j'en suis hors ;
Tâche de t'en tirer, et fais tous tes efforts ;
    Car, pour moi, j'ai certaine affaire
Qui ne me permet pas d'arrêter en chemin. »

En toute chose, il faut considérer la fin.

La classe a suivi le texte d'une parole intérieure qui répondait en écho fidèle à la lecture du maître. Images, idées tourbillonnent, vives, mais instables, dans une impression agréable, mais chaotique. Nous voulons que l'intelligence domine ce pêle-mêle, distingue les grandes lignes, aperçoive le dessein qui a tout disposé et tout choisi.

L'un des élèves reprend la lecture. Tous sont avertis qu'ils doivent interrompre, lorsqu'ils sentiront que la fable va quitter une suite d'idées pour entrer dans une autre. Peut-être un étourdi lèvera-t-il déjà le doigt après le premier vers. « Lorsque l'auteur renseigne sur une *compagnie*, suis-je satisfait quand je ne suis encore informé que du premier compagnon ? » — Un autre nous arrêtera après « encornés ». « Mais, objecterons-nous, il vient encore des détails sur le signalement des compagnons. » — Presque tous nous interrogent du regard au début du cinquième vers. « Oui, dirons-nous, le paragraphe est terminé. Qui pourrait écrire son titre au tableau noir ? » Bien peu ne sauront pas répondre : « Un renard malin ou un renard trompeur voyage avec un bouc qui est bien bête. » Que le maître accepte, pour l'instant, la forme naïve et l'ébauche de synthèse partielle qui se correspondent.

La lecture reprend. Les attentions se remettent au guet pour découvrir la fin du second paragraphe. ... Texte parcouru, nous aurons au tableau cette première esquisse sommaire et plutôt vague :

I. — Le renard malin voyage avec son ami bouc qui est bien bête.
(Vers 1-4).
II. — La soif les fait descendre dans un puits.
(Vers 5-7).
III. — Le renard propose un moyen de sortir, le bouc approuve.
(Vers 8-21).
IV. — Le renard sauvé se moque du bouc resté dans le puits.
(Vers 21-31).

Elle permet cependant de tenir en raccourci les idées de la fable et, *d'un regard d'enfant*, de lire ainsi l'intention du fabuliste : « Mésaventure d'un bouc sans jugement qui s'est lié d'amitié avec un renard des plus fourbes ».

3. — L'unité d'intention éclaire aussitôt la fonction des paragraphes

Nous sommes parvenus jusqu'à « ce point de perspective duquel tout s'ordonne et se déroule avec unité. » Dès maintenant, il est bon de se retourner pour apercevoir l'ordre et la fonction des paragraphes :

I. — Il fallait bien commencer par mettre en contact tout ce qu'il faut pour duper et tout ce qu'il faut pour se laisser duper;

II. — Il fallait bien ensuite provoquer l'aventure où chacun s'engagerait dans la nécessité posée par son caractère : le bouc sautant pour boire, sans plus, le renard ne sautant pour boire que « la fin » tout aperçue dans cet escabeau vivant;

III. — Il fallait bien, à présent, que la fourbe fît accepter, admirer à la simplicité, le « secret » qui la dupait;

IV. — Il fallait bien, enfin, pour que la berne fût royale, que la ruse accablât encore la sotte confiance d'une cinglée d'ironies.

4. — La fonction du paragraphe organise une explication de détail logique, intéressante

Pénétrer dans le paragraphe avec le sens de sa fonction, c'est apercevoir du coup les termes à déplier, la direction des explications, « le filet qui les doit lier ». C'est encore projeter une lumière qui en allume d'autres et vient se réfléchir, plus claire d'elles toutes, sur son point de départ : l'analyse ne fait que vérifier, que corriger, qu'affirmer en détails précis l'hypothèse du début et celle-ci, paragraphe expliqué, peut enfin s'ériger en synthèse caractéristique et définitive. — Au contraire, si le maître ne prend les mots que dans la simple enfilée de leur suite littérale, s'il explique capitaine, et puis renard, et puis allait de compagnie..., en faisant de chacune de ces expressions un centre indépendant, isolé d'explications, il ne remue que pailles au vent. La pensée s'envole à propos de chacune hors du paragraphe, hors du sujet; aucune conclusion ne peut venir nouer la gerbe éparpillée par l'incohérence.

Pénétrer dans le paragraphe avec le sens de sa fonction, c'est intéresser l'intelligence au jeu même de l'explication. L'enfant s'arrête volontiers aux termes, aux constructions dont il croit deviner l'intention; il veut parler, montrer qu'il aperçoit, il est heureux d'avoir bien pressenti le rôle de tel détail, excité de l'avoir méconnu. Puis, toujours au cœur de l'action, il poursuit, avec le plaisir et l'encouragement des réalisations progressives, le but qu'il s'est posé : à mesure qu'il avance dans le paragraphe, il esquisse, il nuance, il achève, d'une activité toujours plus heureuse d'elle-même, le tableau intérieur de sa pensée. L'intérêt toujours un dans sa diversité, s'accroît de clarté en clarté jusqu'à la vive satisfaction du but atteint. — Au contraire, si l'on ne met en clair que les grains désunis d'un épi versé, la leçon se hache en cent bouts de leçon; l'intérêt languit, tranché qu'il est chaque fois qu'il commençait à naître; les explications ne tombent plus qu'en feuilles mortes sur une eau sans courants; l'enfant, devenu passif, bâille aux mouches, incertain de ce qu'on lui peut bien vouloir.

5. — L'explication de détail

C'est entendu, la fonction du paragraphe va commander le choix des détails, diriger leur examen, coordonner les études successives.

Quels seront les ressources, les moyens, la démarche de l'explication ?

Au cours élémentaire, les plis étaient simples, vite ouverts, vite inclinés vers l'intention du paragraphe : ou bien l'on faisait tomber sous les sens, ou bien on levait dans le souvenir du vécu un des meilleurs exemples qui pouvaient correspondre au terme interrogé, puis on le plaçait, soit tel quel, soit modifié par l'imagination, dans la perspective du paragraphe.

a) *Le détail est simple.* — Au cours moyen, on rencontre encore des termes simples, mais l'objet sous les sens ou l'image dans l'esprit ne suffit plus toujours. L'intelligence est heureuse des ressources que nous avons indiquées au cours précédent, mais, bien souvent du moins, c'est, selon sa fonction même, pour identifier et distinguer à son tour. Elle le fait alors, non plus seulement par impressions directes ou par images, mais par idées, par caractères essentiels. — « Aller de compagnie » ne projette plus simplement la silhouette de deux écoliers venant à l'école ensemble ou de deux camarades partant ensemble à la pêche ; il faut, de plus, apercevoir les caractères essentiels : un but commun, des motifs de le poursuivre ensemble. Ce but commun, ces motifs de le poursuivre ensemble caractérisent « aller de compagnie », le distinguent de voyager. C'est dire que nous n'expliquerons pas « aller de compagnie » par « voyager », « désaltérer » par « boire », « à la légère » par « sans songer à mal, innocemment, sans malice », comme un pauvre bouc. Cette explication à la Mascarille ne découvrirait que l'insuffisance de la préparation ; mieux vaudrait se taire que d'altérer ainsi la propriété du mot.

Dans ce souci de probité, la meilleure ressource de l'explication sera bien souvent l'étymologie. « Abondamment » n'est plus « beaucoup » et prend dans le vers une signification inattendue, quand on réfléchit à son origine, à ses affixes. « Passer maître » s'éclaire d'un jour plus précis, quand on songe au « passer maître » des corporations (1). Mais évitons toute pédanterie. On est pédant quand on ne fait que substituer des formes anciennes aux formes présentes : « nasum » n'apprend rien sur nez, ni « magistrum » sur maître. On est encore pédant, quand on écorche et fait écorcher aux élèves les racines grecques ou latines : je vois suffisamment tête dans capital, capitaine et capiteux, sans avoir besoin de « caput ».

Identifier et distinguer le détail simple oblige parfois à des approches successives. Le bon sens indique la démarche : établir le sens propre, sortir de celui-ci soit le sens étendu, soit le sens figuré dont il est besoin, appliquer enfin, dans le dessein du paragraphe, la généralité finale au particulier que limite le texte. « Capitaine », « ami », seront tout à l'heure étudiés dans cet ordre.

b) *Le détail est compliqué.* — Lorsque, de sous-détail en sous-détail, l'idée se complique — parfois jusqu'à sortir toute différente de ce qu'attendait le lecteur —, il convient d'être plus méthodique encore. On établit d'abord le sens propre du détail : pour cela, on le divise « en autant de parcelles qu'il se peut et

---

(1) Si le maître ne veut donner dans le contresens ou rester bouche close, il fera bien de se livrer souvent à de minutieuses enquêtes à travers les feuillets d'un bon dictionnaire. Les textes du xviie siècle, surtout, désirent cette recherche. Dans une fable qui suivrait bien celle que nous avons choisie, nous rencontrons par exemple :

Le galant pour toute besogne
Avait un brouet clair….

Ce serait meurtrir la vérité que de faire entendre par galant un empressé auprès de la dame Cigogne ou même un hôte qui se pique d'urbanité ; ce galant n'est qu'un alerte et rusé gaillard auquel il n'est pas prudent de se fier.

De même besogne ne signifie pas cette fois ouvrage ou travail, mais ce qui est de besoin, et doit se traduire par tout mets ou tout apprêt.

Enfin, ne rappelons pas les Lacédémoniens à propos de brouet et ne voyons dans l'assiette de la commère qu'un bouillon trop clair pour son bec.

qu'il est requis pour le mieux résoudre » (1), on établit le sens propre de chacune, on renoue l'ensemble dans la même signification immédiate. Reste, comme tout à l'heure, à faire passer l'ensemble soit dans le sens étendu, soit dans le sens figuré, puis à le mettre dans la lumière définitive que lui envoie l'intention du paragraphe. Nous trouverons, à l'instant, « des plus haut encornés », « ne voyait pas plus loin que son nez »; « passer maître en fait de tromperie », etc.

Exemple d'explication de détail.

Il est temps de joindre l'exemple au conseil.

Revenons à cet instant où, dans la fable « le Renard et le Bouc », venait d'être aperçue la fonction de chacun des paragraphes. Nous avions dit que le premier avait pour fonction de mettre en contact tout ce qu'il faut pour duper et tout ce qu'il faut pour se laisser duper.

Donc trois choses à éclaircir dans ce premier paragraphe :

a) comment le renard et le bouc sont-ils mis en contact;
b) comment le renard est-il apte à duper;
c) comment le bouc est-il apte..... à se laisser duper.

a) *Comment le renard et le bouc sont-ils mis en contact.* — La Fontaine ne s'est pas creusé la tête. Non, l'un « allait de compagnie » avec l'autre, et c'est tout. Qu'est-ce que c'est faire, « aller de compagnie » ? — Plaçons ici l'explication que, quelques lignes plus tôt, nous avions donnée comme exemple. On va de compagnie, avions-nous conclu, quand l'on a certain but commun et des motifs de le poursuivre ensemble. Le but ? Peu nous fait, il reste étranger à l'épisode. Les motifs de le poursuivre ensemble ? Ils nous importent beaucoup plus, car nous touchons avec eux au ressort de la fable. Laissons-les deviner aux élèves; la lecture du texte, le travail déjà fait soulèvent des intuitions que l'on démêle à peu près ainsi : le bouc, il l'avoue, a quelque conscience de sa simplicité, il espère naïvement faire bonne route sous la conduite de l'intelligent et débrouillard Capitaine; le renard est content d'avoir sous la patte un imbécile de pareille qualité qui « écopera » pour lui au premier péril.

b) *Comment le renard est-il apte à duper.* — Ces deux compagnons qui cheminent là-bas au grand soleil s'annoncent aussi différents de caractère et d'esprit que de visage. Voyons-les de près.

« Voulez-vous, demanderons-nous, souligner dans le premier paragraphe les termes qui se rapportent au renard ? » — Capitaine, passé maître en fait de tromperie. — Bon, prenons d'abord le terme capitaine. Partons toujours du sens propre : « Qu'est-ce qu'un capitaine ? Le mot signifie-t-il un commandant de compagnie ? Quelle partie de la signification La Fontaine a-t-il retenue ? Que veut-il nous marquer en donnant du capitaine à son renard ? » — Voilà déjà notre personnage peint comme un gaillard qui sait agir, commander : il a l'assurance, le ton qu'il faut pour en

---

(1) Descartes.

imposer, pour empêcher toute hésitation de naître chez sa dupe future. Comme il va vous l'élever tout à l'heure contre le mur ! A l'aplomb, il joint la maîtrise.

L'autre était passé maître en fait de tromperie.

Mettons successivement en clair : passé maître, en fait de, tromperie.

Au temps des corporations, nos enfants le savent, on ne passait maître (celui qui commande aux ouvriers) qu'après un apprentissage fort long et la production du chef-d'œuvre. Qui passait maître pouvait donc se dire très habile en son métier. Aussi passer maître est-il devenu bien vite la façon concrète d'exprimer l'habileté en n'importe quelle chose, louable ou non.

« En fait de » s'éclaircit rapidement par des exemples. Nous disons tous les jours : en fait de leçon, en fait de politesse. Ne coupons pas le cheveu en quatre. Entendons simplement : ce qui est de la leçon, ce qui est de la politesse, ce qui est de la tromperie (en matière de tromperie).

La « tromperie », dirait Mascarille, c'est l'acte du trompeur. Mais que fait le trompeur ? Le pêcheur offre l'appât et ferre le poisson ; le renard, jadis, offrit des compliments et mangea le fromage ; aujourd'hui, il va promettre le salut et ne tiendra qu'un « beau sermon ». Le trompeur — du moins celui qui nous occupe — est donc le drôle qui, par mensonge adroit, obtient de la simplicité d'autrui ce que la force n'obtiendrait pas.

Il reste à renouer les trois brins de l'explication et à la remettre dans la lumière du paragraphe. « L'autre était passé maître en fait de tromperie » signifie que notre renard était très habile à inventer, à combiner les moyens de dépouiller autrui, ou de mettre, à son profit toujours, autrui dans l'embarras.

Conclusion : Maître ès-fourberies, du toupet pour deux, capitaine renard est bien le dupeur par excellence.

c) *Comment le bouc est-il apte... à se laisser duper.* — Soulignons maintenant les termes qui se rapportent au bouc : « son ami », « des plus haut encornés », « ne voyait pas plus loin que son nez ».

Son ami, terme connu de nos élèves. Précisons cependant : l'ami est celui qui nous aime et que nous aimons. La Fontaine dit ailleurs « qu'un ami véritable est une douce chose. » Il est fort probable que le bouc éprouve de l'amitié pour le renard, le sentiment que l'être faible éprouve à l'égard de l'être plus fort dont il escompte à l'occasion la protection ; mais il est certain que le renard.... Écoutez-le donc prononcer : « Mon ami bouc »....
Tout autre que le bouc ne sent-il pas ce que le ton a de détaché et la familiarité de méprisant ? Cet « ami bouc », s'opposant au « capitaine renard » du début, annonce déjà un pauvre personnage. Le voici : « des plus haut encornés. »

Les boucs encornés, dirait M. de la Palisse, sont des boucs qui portent cornes ; les boucs haut encornés portent des cornes qui montent haut ; les boucs les plus haut encornés portent les cornes qui s'élèvent le plus haut. Notre ami bouc fait partie de ceux-là, « des plus haut encornés ». Faisons construire la phrase entière pour que les enfants comprennent bien la fonction de *des*, de *haut :* « Son ami bouc fait partie des boucs qui sont les plus (hautement) encornés. »

Voilà le sens propre. Il semble que le renseignement ne doive servir qu'à préparer l'esprit à la « machine » de tout à l'heure et ne découvre guère un candidat à la duperie. Réfléchissons. Ces cornes de belle taille ont-elles même prix aux yeux du renard comme aux yeux du bouc ? — « Par ma barbe ! » dira plus loin l'ami bouc. Oh! oh! s'il est si fier de sa barbe, je le vois aussi redresser ces cornes superbes et je pense, ami bouc, que vous êtes un sot; car la vanité des « avantages » physiques ne va pas sans la sottise. Capitaine renard doit le trouver bien encombrant, votre attirail. Et puis... et puis... il se souvient qu'autrefois on attachait des cornes de papier aux écoliers sots à mériter les naturelles; plus sotte était la sottise et plus longues étaient les cornes... C'est donc que la gent porte-cornes n'a pas grande réputation d'esprit..... et celui-ci ne se contente pas de cornes honnêtes, il en porte de monumentales..... « des plus haut encornés », pense le malicieux compagnon, mais des plus bas « encervelés ».

En effet :

Celui-ci ne voyait pas plus loin que son nez.

Au sens propre, celui qui réellement ne verrait pas plus loin que son nez serait très myope, presque aveugle. Il ne pourrait, par exemple, se conduire dans la rue, car il n'apercevrait pas à temps les obstacles dont elle est semée, faute de cette vue claire, qui se projette en avant, tout lui deviendrait danger du rebord de trottoir à la voiture arrêtée. Au sens figuré, « celui qui ne voit pas plus loin que son nez » manque donc de clairvoyance et de prévoyance; il n'aperçoit pas les conséquences de ses actions et partant ne sait pas se conduire. Choisir pour compagnon de route, peut-être pour ami, un maître en fait de tromperie, c'est bien l'acte de quelqu'un qui ne voit pas plus loin que son nez.

Conclusion : notre bouc est sot, il l'a déjà prouvé, il est bien tel qu'il doit être pour se laisser duper.

Voilà le premier paragraphe éclairci, nous l'avons esquissé en commençant :

Le renard malin voyage avec son ami bouc qui est bien bête.

Nous pouvons désormais reprendre ce premier raccourci en synthèse plus claire, plus caractéristique et le remplacer au tableau noir par :

§ 1 | Un bouc très encorné, mais très simple, a commis
vers 1-4 | l'imprévoyance de suivre un renard des plus fourbes.

6 — Synthèse finale

Nous ne poursuivrons pas plus loin l'explication de détail : notre dessein n'est pas de faire la route, mais simplement de mettre sur la voie.

Laissons donc le maître déplier chacun des paragraphes successifs dans le système qui vient d'être essayé pour le premier : la fonction du paragraphe choisit les termes à expliquer, dirige les explications, les coordonne; l'explication part d'exemples, s'aide de l'étymologie quand c'est utile, distingue et identifie dans le sens que dessine soit le contexte immédiat, soit le paragraphe tout entier.

. . . .

Les paragraphes, d'ailleurs, ne s'ignorent pas réciproquement comme des pignons fixés sur un axe commun; bien au contraire, la vie circule de l'un à l'autre comme fait le sang entre les membres d'un même corps. Voyez, dans la fable choisie, comment les conditions que pose le premier paragraphe sous l'unité d'intention de tout le morceau viennent retentir dans la conduite et le caractère de tous les autres. Examinons, par exemple, le conciliabule au fond du puits. Pourquoi est-ce le « *capitaine renard* » qui propose, et non « *l'ami bouc* » ? Comme « cette machine » répond bien aux ressources d'esprit du même « *capitaine* ». Et cette promesse « Après quoi je t'en tirerai » n'est-elle pas annoncée dès le « *passé maître en fait de tromperie* » ? Voici un « Par ma barbe ! » que faisait prévoir « *des plus haut encornés* ». Cette approbation, cet éloge plein d'humilité sont encore bien de « *l'ami bouc* » et de la *brièveté de son nez*.

C'est ainsi que les mille paroles d'une explication ne retombent jamais en poussières incohérentes, comme s'amassent les aiguilles au pied des grands pins, mais s'organisent solidement dans la clarté de l'ordre et le sentiment des rapports, comme ces mêmes aiguilles alors qu'elles verdoyaient de la même sève autour de chaque rameau.

. . . .

Mais voici que le maître a fini l'explication de détail. Nous lisons maintenant au tableau noir :

§ 1
vers 1-4
{ Un bouc très encorné, mais très simple, a commis *l'imprévoyance* de suivre un renard des plus fourbes.

Transition : la soif.

§ 2
vers 5-7
{ Sans *prévoir* la fin (le bouc du moins), les deux compagnons descendent en un puits pour apaiser leur soif.

Transition : après qu'abondamment tous deux en eurent pris.

§ 3
vers 8-21
{ Le renard cherche (ou fait semblant de chercher) le moyen de sortir; le bouc approuve pesamment le moyen et loue humblement le trompeur *sans prévoir* que l'échelle va rester au fond du puits.

Transition : inutile (c'est la nécessité même qui engrène les résultats à ce qui précède).

§ 4
vers 22-31
{ RÉSULTATS :
Le renard escalade;
    trahit son compagnon;
    le raille de sa vanité, de son *imprévoyance*
        et file.

La vue d'ensemble du début, « Mésaventure d'un bouc sans jugement qui s'est lié d'amitié avec un renard des plus fourbes, » doit se transformer à présent en synthèse totale, claire, caractéristique de vues partielles plus exactes et mieux ajustées. Elle deviendra facilement :

« Mésaventure d'un bouc si *dénué de clairvoyance* qu'il se lie d'amitié avec un maître fourbe, qu'il saute dans un puits *sans prévoir* qu'il saute dans une prison, qu'il prête son échine et ses cornes *sans prévoir* qu'il ne restera personne pour lui faire la courte échelle à lui-même. »

Un effort encore, et la voici resserrée dans ce titre général qui contient à la fois et l'intention du fabuliste (1) et l'épisode qui donne un visage à cette intention :

En toute chose, il faut considérer la fin.

7. — La diction

Le meilleur moyen de s'assurer que le texte luit en clartés exactes dans l'intelligence et l'imagination des enfants, c'est de leur demander sa lecture expressive. Nous ne sommes plus empêtrés dans le déchiffrement : nos élèves ont « fait leur cours élémentaire », et puis le texte vient d'être pris et repris tant de fois par les yeux que les plus malhabiles sont à l'aise partout. Rien ne s'oppose donc à ce que des images et des idées bien claires passent aux lèvres en paroles expressives.

Rien… du moins dans les écoles où l'on a toujours cherché la lecture *parlée*, où l'on a toujours voulu la parole *individuelle* — la seule qui ne se déforme pas en ritournelles indélébiles. Mais, hélas! où sévissent les épellations chantantes, les réponses en chœur et tous les ânonnements collectifs d'une lettre fermée, écoutez-la, cette pauvre lecture expressive : une psalmodie pleurarde et criarde tourne sa crécelle et bientôt si vite, si vite, que virgules et points s'envolent à son vent. Lorsque s'arrête le moulinet, rien n'a été moulu, que du bruit.

De telles écoles deviennent rares. Si le sort vous nomme à l'une d'elles, commencez par exiger la lenteur du débit, le respect de la ponctuation, le souci de l'articulation. Demandez ensuite à vos nouveaux élèves de voir, d'entendre, de toucher, de goûter *en imagination* — et même de flairer si c'est le cas — la réalité qui doit s'élever au fur et à mesure que s'ajoutent les mots. La ritournelle ne sera pas effacée du premier coup, la parole ne donnera pas du premier essai l'expression naturelle; mais, peu à peu, le plus intelligent d'abord, les autres ensuite perdront, avec cette fausse honte qui les paralyse, le plus gros de leur habitude et voudront essayer de retrouver leur personnalité.

Dans une classe bien entraînée, après la lecture par le maître, après les essais de diction qui se mêlent à chaque explication de détail, il n'y a plus à craindre que les fautes de l'inattention. Lorsqu'un élève coupe sa lecture d'arrêts malheureux ou franchit

---

(1) « Dites à un enfant que Crassus, allant contre les Parthes, s'engagea dans leur pays sans considérer comment il en sortirait ; que cela le fit périr lui et son armée, quelque effort qu'il fît pour se retirer. Dites au même enfant que le Renard et le Bouc descendirent au fond d'un puits pour y éteindre leur soif ; que le Renard en sortit s'étant servi des épaules et des cornes de son camarade comme d'une échelle ; au contraire, *le Bouc y demeura pour n'avoir pas eu tant de prévoyance, et par conséquent il faut considérer en toute chose la fin*. Je demande lequel de ces deux exemples fera le plus d'impression sur cet enfant. »

LA FONTAINE *(Préface des Fables).*

sans les voir les repos de la pensée, lorsqu'il ne donne point d'accent au « mot de valeur » ou commet des non sens dans l'expression, c'est qu'il part en étourdi. Le remède n'est pas de reprendre la phrase après lui — il pourrait ne répéter qu'en perroquet, — mais de le remettre, par des questions qui analysent, dans l'intelligence de la pensée et le pas de la phrase. — Si le renard court en expliquant « sa machine » arrêtez-le. Demandez : « Ce bouc est-il intelligent ?.. faut-il qu'il comprenne cependant?.. alors comment faut-il lui parler?... — Oui, lentement, il faut appuyer sur chaque détail du premier geste, le marquer dans son verbe, son objet, sa position, attendre un instant, puis remettre les points sur les i pour le second geste, et ainsi de suite jusqu'à ce que le bouc ait tout compris morceau par morceau.

Un des meilleurs moyens d'enhardir et d'exciter les enfants à chercher la bonne diction, c'est, lorsque les fragments s'y prêtent, de distribuer les rôles des personnages entre plusieurs lecteurs.

Nous verrons au chapitre des exercices d'analyse-synthèse que la diction veut ses préparations, ses explications aussi bien que la lettre même du texte.

Que l'on ne vienne pas nous reprocher de perdre le temps à ne donner qu'un vain talent de société (1). Vouloir bien lire, n'est-ce pas vouloir lire le plus exactement possible, c'est-à-dire transporter la pensée d'autrui dans une parole qui soit un retentissement fidèle de cette pensée ? On ne le peut que lorsqu'on comprend et sent avec l'auteur dans une telle intimité qu'il semble que notre personnalité se soit fondue avec la sienne et que les mots lus ne montent plus à nos lèvres que d'une pensée qui n'est plus qu'à nous tout en restant la sienne encore. Vouloir bien lire, c'est donc, tout d'abord, s'engager à bien comprendre et bien sentir la pensée à laquelle on donne une voix. — C'est encore s'aider à la mieux comprendre, à la mieux sentir. En effet, si la vivacité des représentations mentales du lecteur donne à sa parole le pouvoir d'éveiller d'analogues visions intérieures chez l'auditeur, il est permis de penser que cette parole suggestive revient aussi en retour excitant sur l'imagination du lecteur lui-même. Puis, entendre la pensée prendre ses mots exacts dans la voix juste, c'est se confirmer qu'on suit bien son auteur, comme percevoir un certain à peu près dans l'intonation, c'est s'avertir qu'on est sur le point de le quitter.

Chercher la lecture expressive, c'est donc à la fois vouloir bien pénétrer le texte et s'aider à y parvenir.

8. — Réflexions d'ensemble sur le texte : 1° portée morale ; 2° appréciation littéraire

(Voir *la Classe de français au cours élémentaire.*) Appliquons simplement au texte qui vient de nous occuper ce que nous avions dit de la nécessité d'éclaircir la morale et de la transporter dans la vie de tous les jours.

---

(1) Talent qui n'est pas toujours si vain que cela ; car, en des occasions de plus en plus nombreuses, il importe à beaucoup de savoir bien lire à haute voix.

Oui, il ne faut pas donner son amitié aux renards; oui, il faut réfléchir avant de « descendre en un puits », comme avant de prêter ses épaules; oui, « en toute chose il faut considérer la fin ». Mais il ne faut pas non plus être renard soi-même. La simplicité a sa beauté de confiance, d'innocence, d'humilité; abuser d'elle au lieu de l'accueillir et de la protéger comme une sincérité sans défense, c'est découvrir beaucoup de vilenie; mais ne faire que bien petit éclat de tant d'esprit qu'on s'attribue. Sans doute, le bouc est vain de ses cornes et de sa barbe, mais le renard ne l'est-il pas de son jugement ?... Encore la vanité du premier est-elle tout inoffensive, tout excusée déjà par le sourire qu'elle provoque, tandis que celle de « l'autre » est méchante et nous fait souhaiter quelque cigogne vengeresse. — Voyons un peu maintenant le renard et le bouc parmi les écoliers et les hommes; voici le maraudeur Renard qui entraîne l'ami Bouc dans le verger clos de murs et l'y laisse; voici le voleur à l'américaine qui emporte la bourse de sa dupe et la laisse constante en une sacoche qui n'est bourrée que de vieux journaux et de cailloux.....

S'il nous paraît très délicat de faire porter par des enfants, même de dix à treize ans, un jugement d'ensemble sur la valeur littéraire d'un morceau, s'il nous paraît absurde de vouloir cataloguer la distribution des parties et les trouvailles de plume en toutes les figures et toutes les divisions classiques, il nous semble possible autant qu'éducatif de faire remarquer, soit au cours de l'explication, soit texte parcouru, la rigueur du plan, la souplesse des articulations, la fidélité aux caractères posés, la propriété savoureuse des expressions (1), parfois une disposition ou une harmonie de mots qui peint le personnage ou l'action (2), parfois quelque frappant exemple de répétition (3), de comparaison (4), de périphrase (5) d'opposition ou d'antithèse (6), d'ironie (7), moins : quelque changement de temps ou de mode (8), etc., etc. — L'important n'est pas d'épucer, de citer ni d'étiqueter, mais de faire *goûter* au simple hasard et au simple plaisir de la rencontre.

9. — Remarques

Sans s'écarter de ce principe : dire ce que réclame l'intelligence du texte et rien que cela, la leçon de lecture expliquée a déjà

---

(1) « Des plus haut encornés » - « Par ma barbe ! »
(2) « Après qu'abondamment » (on entend laper).
   « Le Héron au long bec emmanché d'un long cou. »
(3) Portrait de Raminagrobis (*Le Chat, la Belette et le petit Lapin*).
(4) « Celui-ci ne voyait pas plus loin que son nez ;
   « Autant de jugement que de barbe au menton. »
(5) « La dame au nez pointu » (*Le Chat, la Belette et le petit Lapin*).
   « Celui de qui la tête au ciel... » (*Le Chêne et le Roseau*).
(6) { « Celui-ci ne voyait pas plus loin que son nez ;
       L'autre était passé maître en fait de tromperie. »
   « Allez, mes vieux soldats, mes généraux imberbes. » (*Les Soldats de l'An II*).
(7) Sermon du renard.
   « C'est là son moindre défaut » (*La Cigale et la Fourmi*).
(8) Le rêve de Perrette (*La Laitière et le Pot au lait*).

tenu, comme au cours élémentaire, mais souvent d'une marche plus haut, classe de français pour :

Le Vocabulaire.

Chacune des explications de détail ne devient-elle pas, en raison même de la propriété plus délicate qu'elle veut établir, une véritable leçon de vocabulaire, méthodique et complète ?

Il faut d'abord identifier et distinguer le sens propre, et pour cela bien souvent disséquer le mot, remarquer la réciproque réaction de ses éléments, remonter dans l'histoire de l'un d'eux, puis confronter le mot avec les voisins trop serviables que les enfants proposent en équivalents connus : « Là chacun d'eux *se désaltère* » (boire); « Le renard sort du puits, laisse son *compagnon* » (camarade).

Parfois c'est la forme même qu'il est utile d'examiner et nous touchons ainsi discrètement aux homonymes : « *Or, adieu* : j'en suis *hors*. »

Enfin, sens propre identifié et distingué, il reste dans bien des cas à parcourir quelque sens général, étendu ou figuré, avant de parvenir au visage tout particulier que va prendre le mot à la lumière du contexte.

Forme et contenu, tout ce qui est le mot est donc fouillé, lorsque le demande l'intelligence du texte.

L'Orthographe d'usage.
(Voir la Classe de français au cours élémentaire.)

L'Analyse grammaticale et logique.

L'analyse logique, débarrassée de toute son inutile terminologie, se bornant à son véritable rôle qui est d'éclairer les rapports des mots entre eux et des propositions entre elles pour faire saillir la logique de la pensée, était notre démarche d'explication au cours élémentaire. La brièveté des textes et des paragraphes s'accordait avec la brièveté des intelligences pour recommander cette marche pas après pas, d'ailleurs beaucoup plus en alertes investigations de la pensée qu'en pénibles et protocolaires désarticulations de la lettre. Aux cours moyen et supérieur, les regards plus perçants, plus attentifs traversent bien tout seuls nombre de passages dont la construction ne nous arrêtera donc plus. Par contre, nous réserverons aux points délicats l'attaque plus vive que permet le progrès de l'esprit, l'attaque plus savante que permet la connaissance toujours simple, mais plus complète des fonctions grammaticales.

Le texte *le Renard et le Bouc* contient beaucoup d'exemples où l'analyse doit venir *au secours* de l'explication. Nous avons rencontré :

..... des plus *haut* encornés.

Citons plus loin :

Après qu'abondamment tous deux *en* eurent pris,...
— Par ma barbe, dit l'autre, *il* est bon ;...
Je n'aurais jamais, *quant à moi*,...
Et *vous* lui fait un beau sermon
Pour *l'exhorter à patience*...

C'est encore l'analyse qui permet d'expliquer, toujours dans l'intérêt de la clarté aussi bien que du français, les accords et les formes qui surprennent l'œil parce que l'intelligence n'a pas compris :

> ... des plus *haut encornés*
> Si le ciel *t'eût*,...
> En *toute chose* ..
> .. *quant* à moi,

Et, lorsque, tout à l'heure, les élèves essaieront de bien lire la fable expliquée, qui viendra corriger les arrêts ou les pas à contresens, sinon le coup-d'œil analytique ?

> ... allait de compagnie
> Avec son ami bouc,...
> Là | chacun d'eux se désaltère.
> Puis | sur tes cornes | m'élevant,

etc., etc.

Enfin c'est l'analyse qui éclaircit à l'intelligence la beauté qui repose sur la construction même du vers, de la phrase ou de la strophe.

> Du palais | d'un jeune lapin |
> Dame belette | un beau matin, |
> S'empara :

Un complément suivi d'un complément par devant le sujet, un autre complément par derrière et seulement, tout au bout de la phrase, le verbe : voilà tout le secret de cet admirable croquis. Il en résulte « à légers intervalles, trois pas, inégaux, allongés, attentifs, de la belette », puis le complément de temps suspend la phrase. La belette s'arrête aussi, regarde, écoute, avant de risquer le tout..... Rien..... Elle bondit ; et ce bond est marqué par le rejet du verbe ;

> S'empara (1).

Dans cette strophe de *la Bouteille à la mer* :

> Quand un grave marin voit que le vent l'emporte
> Et que les mâts brisés pendent tous sur le pont,
> Que dans son grand duel la mer est la plus forte
> Et que par des calculs l'esprit en vain répond ;
> Que le courant l'écrase et le roule dans sa course,
> Qu'il est sans gouvernail et partant sans ressource,
> Il se croise les bras dans un calme profond.

l'analyse donne encore la formule simple et claire : la proposition principale rejetée derrière six vers de propositions temporelles acquiert par ce rejet même la force et le relief qu'il *faut* pour exprimer « le calme profond » de ce courage impuissant.

A chaque instant, l'analyse met donc au service de l'explication les connaissances grammaticales les plus diverses, de l'accord et de la fonction des mots dans la proposition à la construction et à l'ordre des propositions dans la phrase. Qui n'aperçoit le bénéfice que recueille la grammaire de cette permanente application aux faits du langage ?

---

(1) D'après Rudler, l'*Explication française*.

La Composition française.

Découvrir l'unité d'intention pour éclaircir aussitôt la fonction des paragraphes, organiser l'explication des détails d'un paragraphe dans la clarté de sa fonction, éclairer chaque détail de façon à renvoyer sa lumière sur la caractéristique du paragraphe, faire remarquer les jointures de ces vies successives d'une pensée toujours une que sont les paragraphes, faire sentir à tous moments l'exactitude et la sobriété, la force ou la délicatesse de l'expression, éviter enfin soi-même toute flânerie et tout vagabondage pour ne déplier que le texte, n'est-ce point essayer avec la meilleure leçon de lecture expliquée, la meilleure leçon de composition française ?

§ 2. — EXERCICES DIRECTEMENT FOURNIS DE MATIÈRE PAR LE TEXTE [1]

1. VOCABULAIRE

Précisions.

a) *Beaucoup plus de vocabulaire que de grammaire.* — Si tant « de machin et de machine, de chose et d'affaire » s'intercalent dans la parole ordinaire, ce n'est pas seulement par hâte ou paresse de l'esprit, mais surtout par indigence de vocabulaire précis et serviable. La même pauvreté paralyse l'homme du peuple qui lit un article de journal, suspend ou trompe sa plume lorsqu'il veut écrire deux mots.

C'est encore beaucoup plus du vocabulaire que de la grammaire proprement dite que dépendent tant d'exceptions du féminin et du pluriel : j'aurai beau connaître la règle des adjectifs en *et*, la liste des exceptions, je ne saurai rien tant que je ne saurai point que la personne *discrète* se retient dans ses paroles, que la *muette* ne peut parler, etc. Mais dès que j'aurai *compris et écrit* exactement : une personne discrète, une personne muette, je retiendrai la forme du féminin avec le sens même du mot, je n'aurai pas besoin de m'encombrer la mémoire d'une règle grammaticale sans vertu par elle-même, ni d'accrocher *discrète* ou *muette* à je ne sais combien d'*ette* hérissées les unes contre les autres. La grammaire d'un homme du peuple — et nous l'entendons instruit — peut se condenser en quelques pages essentielles : que le temps qu'elle dévore en exercices mécaniques, stériles, passe donc, enfin, aux parties utiles et vivantes de la classe de français !

b) *Quel vocabulaire ?* — Celle-ci ne doit pas se proposer de par-

---

[1] Nous ne pouvons faire un livre d'exercices pour chacune des catégories que nous allons étudier ; nous ne pouvons que proposer des exemples : l'expérience et l'initiative des maîtres sauront trouver dans les recueils modernes et, ce qui vaut mieux, inventer d'elles-mêmes les formes infinies qui s'offrent à l'imagination attentive et réfléchie.

courir le vocabulaire des métiers et des sciences. L'histoire, comme la physique, apporte, à son heure, son vocabulaire spécial ; et l'école ne peut usurper sur l'atelier. Notre étude portera simplement sur le vocabulaire de nos lectures expliquées. Elle va développer ce fonds général où les pensées se rencontrent le plus souvent et qui reste encore la trame indispensable des langages les plus techniques.

c) *Procédé*. — Nous voulons enseigner un vocabulaire précis et serviable : il faut éviter par dessus tout le *verbalisme*, il faut *employer* le mot, sitôt qu'il est connu. Finies donc les sèches énumérations et finies aussi les simples transcriptions du dictionnaire au cahier. Le dictionnaire restera notre fidèle compagnon, mais nous voudrons apercevoir et vérifier en *exemples personnels* la généralité de ses définitions. Nous étudierons encore ensemble les mots qui présentent des analogies de sens ou de formation, des cousinages apparents ou cachés, mais pour les *distinguer* l'un de l'autre, pour les éclairer l'un par l'autre et, surtout, pour les employer en *phrases inspirées par nos lectures*.

Les exercices qui vont suivre se rapporteront : les premiers au sens des termes ou des expressions, les seconds à la formation des mots. Ce n'est pas séparer deux aspects étroitement solidaires, ce n'est pas condamner — loin de là — les exercices qui sauront mêler les deux aspects; c'est tout simplement n'examiner qu'une seule chose à la fois.

A. — Sens des termes ou des expressions

1. Sens propre.

Il s'agira beaucoup moins de définir par le « genre prochain et la différence spécifique » que de décrire modestement par quelque caractère essentiel et par la fonction :

Ex. : Et vous lui fait un beau *sermon*.

Un sermon est une leçon sur la religion que le prêtre tient en chaire à ses paroissiens.

ou de trouver quelques bons exemples dans le contenu du terme abstrait, général ou collectif, pour essayer ensuite une conclusion

Ex. : Les gens bien *sensés* comme toi.

— le renard qui remplace l'escalier absent par l'échine et les cornes du bouc est *sensé*.
— le sansonnet qui fit monter l'eau dans la cruche en jetant de petits cailloux au fond du vase était *sensé*.
— l'écolier qui recommence son problème parce qu'il a trouvé que le litre d'huile coûtait 50 francs est un écolier *sensé*.
— le jardinier qui arrose les choux au pied et les tomates autour du pied est un jardinier *sensé*.

les gens sensés sont donc les personnes qui observent, comparent, réfléchissent et trouvent ce que les étourdis ou les sots ne verront jamais.

EXEMPLES D'EXERCICES

I. — Réfléchissez, aidez-vous du dictionnaire et répondez aux questions suivantes :

a) Texte *le Renard et le Bouc*

Qui peut-on appeler « gens bien sensés » ? — Quel est le sens du mot « secret » dans la réponse du bouc ? — Que veut dire « avouer » ? — Le bouc avoue quoi ?

b) Texte *Nuit d'Hiver* (Guy de Maupassant)

I

La grande plaine est *blanche, immobile et sans voix*.
Pas un *bruit*, pas un *son* ; toute vie est éteinte.
Mais on entend parfois, comme une *morne* plainte,
Quelque chien sans abri qui hurle au fond d'un bois.

II

Plus de chansons dans l'air ; sous nos pieds plus de chaumes.
. . . .

Blanche, pourquoi ? — Comment la plaine peut-elle sembler mobile, immobile ? — Expliquer sans voix, en songeant à ce qu'on entend dans la plaine avant l'hiver. — Employer les mots bruit, son dans des exemples inspirés par le dernier vers. — Morne veut dire ?... employez-le comme qualificatif de mots que vous choisirez dans le texte.

II. — Dessin — explication.

a) Texte *le Renard et le Bouc*

Après avoir bien relu le texte, après avoir observé les images convenables du livre de lecture, du livre de sciences, du dictionnaire (1), etc., (et mieux, le troupeau de chèvres, s'il en est dans le village ou s'il en passe dans la rue), dessiner, livres fermés, « cette machine » en faisant saillir surtout ces détails, mets-les contre le mur, des plus haut encornés, le long de ton échine, barbe au menton.

b) Texte *Un château et ses habitants au moyen-âge* (Flaubert). — Recueil Mironneau.

A l'aide du dictionnaire, expliquer et dessiner : écailles de plomb – douves — gouttière figurant un dragon — les cornes de son hennin — le linteau des portes — la quenouille.

2. *Sens propre, sens étendu, sens figuré.*

EXEMPLES D'EXERCICES

I. — Employer les mots pied, corne, boire, du texte *le Renard et le Bouc* au sens propre, au sens étendu, au sens figuré dans des phrases inspirées du texte.

---

(1) Il faudrait le gros sacrifice d'un dictionnaire bien illustré, par exemple *Dictionnaire encyclopédique*. A. Colin. 10 francs.

[Lève tes pieds en haut et tes cornes aussi, dit le renard à son compagnon. — Le puits ne contenait plus guère qu'un pied d'eau. — Le pauvre bouc restait au pied du mur.

Il lui était aussi difficile de s'accrocher aux saillies du mur qu'aux cornes de la lune. — Le renard quitta le bouc en lui faisant les cornes.

Ce n'est pas tout de boire, il faut sortir d'ici. — La sécheresse avait bu l'eau de toutes les mares. — Pauvre bouc, ce qu'il les buvait, les paroles du trompeur !]

II. — **Explication détaillée d'expressions propres ou figurées.** Longtemps l'élève ne fera que reproduire les expressions expliquées par le maître. Par exemple, il reprendra, plume en main :

Celui-ci ne voyait pas plus loin que son nez.

Puis, vers la deuxième année du cours, il essaiera de construire lui-même l'explication des termes, des fragments ou des phrases entières qui constituent tel détail du paragraphe.

Exemples :

Sens propre,

En vain le vieux baudet sentait ses dents jaunir,
Ses sabots s'écailler, *sa peau se racornir.*
(Ballade du Vieux Baudet, M. ROLLINAT.)

Sens étendu,

La grive au cri perçant fuit et *rase les treilles.*
(Les Vendanges, V. DE LAPRADE.)

Sens figuré,

Ce mot d'argent *fut un trait de lumière.*
(Un bon Domestique, X. DE MAISTRE.)

3. **Synonymes.**

Dans trop d'écoles on semble encore ignorer qu'il n'y a pas de mots exactement équivalents par le sens, pas de mots qui se puissent remplacer l'un l'autre sur la même idée comme couvercles pareils sur même chaudron. L'explication du texte et les exercices spéciaux ne sont plus alors qu'un « fâcheux apprentissage de l'à peu près » (F. Brunot). Nous ne saurions tenir trop énergiquement en garde contre cette mauvaise herbe qui envahit communément le champ des explications. Sans doute les synonymes ont un sens général commun qui leur donne un faux air de sosies; mais ils ont aussi chacun une signification propre qui les distingue les uns des autres et les rend différents de sens et d'emploi. L'étude des synonymes, loin d'apprendre à mettre le signe = entre les mots que rapproche une idée générale commune, doit donc enseigner les nuances qui les séparent, les motifs qui veulent l'un et non pas l'autre en cet endroit, mais reprendront plus loin le second pour cette fois rejeter le premier. Est-il un meilleur moyen pour raisonner cette étude délicate que d'interroger les textes ?

EXEMPLES D'EXERCICES

I. — Trouver des synonymes aux expressions soulignées dans le texte et marquer à l'aide du dictionnaire et des explications données les différences de sens qui résulteraient des substitutions.

a) Texte *le Renard et le Bouc*

Reprendre les expressions de l'exercice sur le sens propre (gens bien sensés — secret — avouer).

b) Texte *le Loup et l'Agneau*

Un *agneau* se *désaltérait* (racine autre)
Dans le courant d'une *onde* pure.
Un loup *survient* (préfixe sur) à jeun, qui cherchait *aventure* (ad. venir)
Et que la *faim* en ces lieux *attirait*.

II. — Trouver dans le texte lui-même des mots ou des expressions synonymes. — Marquer le sens spécial à chacune ou chacun (dictionnaire). Les employer dans des phrases voisines de celles de l'auteur.

a) Texte *le Renard et le Bouc*

L'action de sortir du puits (il faut sortir d'ici — je t'en tirerai — j'en suis hors — Tâche de t'en tirer).

b) Texte *l'Huître et les Plaideurs*

L'action de manger l'huître (ils l'avalent des yeux — en aura la joie — en sera le gobeur — et la gruge — ce repas fait).

4. Paronymes; homonymes.

(Exercices à éviter, voir chapitre correspondant au C. E.).

B. — Formation des mots

Les textes sont si accommodants qu'il suffit d'y promener une intention pour y découvrir une matière. Les divisions d'un programme de lexicologie aussi méthodique que l'on voudra ne sont pas d'une rigidité telle dans le détail que les noms tirés de verbes ne puissent enjamber les noms tirés d'adjectifs, que le suffixe *ade* ne puisse sortir de son rang pour précéder le suffixe *ace*, que le préfixe *en* ne puisse céder son tour au préfixe *mal*, que les noms composés de deux substantifs ne puissent s'effacer d'une leçon devant les noms composés de deux verbes. Ce n'est pas déchirer le programme que l'assouplir ainsi aux convenances du texte de lecture expliquée et c'est, par contre, lui trouver les exemples, les éléments d'exercice, la nourriture des phrases d'application hors de la banalité et de l'incohérence coutumières. — Restent les familles de mots. Tout ordre ne pouvant qu'être artificiel, à quoi bon se ronger les ongles pour l'instituer : cueillir tout bonnement la meilleure occasion qu'offre le texte est bien le plus sage.

Exemples d'exercices

1. — *Etude d'un préfixe : com* (= avec).

Texte *le Renard et le Bouc*

Répéter l'explication de com - pagnon (pain), de com - père. — Trouver dans le dictionnaire d'autres mots formés avec le préfixe *com*, les expliquer et les employer dans des phrases inspirées par le texte.

(Compatir (avec - pâtir) : compatir, c'est souffrir avec autrui de

— 32 —

le savoir souffrir, c'est-à-dire être attendri par le mal d'autrui. — Le renard est loin de compatir au pénible embarras du bouc.

Concorde (avec-cœur) ; la concorde est l'unisson des cœurs... ou des esprits. — La félonie du renard bannit la concorde d'entre nos deux compagnons.

Etc.]

II. — *Revision des préfixes.*

Décomposer les mots soulignés dans le texte, indiquer la signification de chacune des parties, puis la signification totale (dictionnaire).

Texte *le Renard et le Bouc*

Capitaine renard allait de *compagnie*
Avec son ami bouc, des plus haut *encornés*.
. . . .
La soif les *obligea* de *descendre* en un puits :
Là chacun d'eux se *désaltère*.
Après qu'*abondamment* tous deux en eurent pris.
. . . .

III. — *Étude d'un suffixe.* Ex. : *able*.

Former avec les verbes du texte qui s'y prêtent (dictionnaire) des adjectifs en *able* et les employer dans des phrases inspirées du texte.

Texte *le Renard et le Bouc*

[passable — imprenable — faisable — buvable — louable — introuvable — avouable.

Cette machine était pour le renard un moyen fort passable de sortir du puits. — Le mur s'élevait à pic autour du bouc comme une forteresse imprenable. — Sortir du puits, ne me sera plus faisable, aurait dû penser le bouc. — L'eau, troublée par le saut, n'était plus guère buvable, mais ils avaient si soif ! — La promesse du renard était louable, mais difficile à réaliser. — En effet, secret introuvable pour toi, ami bouc ! — L'arrière-pensée du renard n'était pas avouable.]

IV. — *Revision de suffixes.*

Former avec les mots soulignés dans les quatre premiers vers du texte *le Renard et le Bouc* des dérivés qui se termineront par les suffixes *eau, er, eur, ain, al, ise* ; définir les nouveaux mots et les employer dans des phrases inspirées par le texte.

Capitaine *renard* allait de compagnie
Avec son ami *bouc*, des plus *haut* encornés :
Celui-ci ne voyait pas plus loin que son *nez* ;
L'autre était passé *maître* en fait de tromperie.

V. — *Familles de mots.*

Cette étude prend un attrait particulier lorsqu'on accorde l'idée générale qui unit les membres de la famille à l'idée générale d'un texte.

Les composés de *voir* qui s'organisent autour de l'idée « voir dans l'avenir » conviennent par exemple fort bien à l'idée générale du texte *la Cigale et la Fourmi*.

Exemple de leçon sur le cousinage de prévoir :

Mots choisis par le maître :

1) prévoir,   prévision,   prévoyance,   providence
imprévu,   im - ,   im -
improviser,   à l'improviste.

2) provision,   provisoire,   approvisionner.
pourvoir,   pour | vu que = s'il est pourvu à ce que.
pourvoyeur,   dépourvu.

Exemples d'explications (les explications sont fournies le plus souvent possible par les élèves, les phrases d'application le sont toujours) :

pré - voir   — *pré* signifie avant, prévoir c'est voir d'avance.
                La cigale ne savait pas prévoir.

pré - vision — Cette vue anticipée est une prévision.
                Les prévisions de la fourmi se réalisèrent : l'hiver arriva et la campagne fut sans ressources.

pré - voyance — Voir d'avance nous amène souvent à nous préparer aux événements attendus. L'action ou la qualité de celui qui se prépare à ce que lui réserve l'avenir est la prévoyance.
                La fourmi, se préparant des ressources pour la disette qui allait sévir, était prévoyante.

Etc., etc.

Devoir : le maître choisit quelques mots parmi les mots expliqués, ou bien souligne les mots qu'il a réservés et invite les élèves à travailler tout seuls le plan qui vient d'être suivi.

A mesure que l'élève s'assouplit à l'exercice, les lisières se relâchent : muni de son mot central, des préfixes qui conviennent, du dictionnaire et du texte, il trouve, explique lui-même les mots et bâtit le canevas d'application. L'ordre qui peut le guider sera de préférence celui-ci :

    1° mot primitif,
    2° mots dérivés du primitif,
    3° mots composés avec le primitif,
    4° dérivés de ces derniers.

Bientôt même, on lui demandera de trouver le « filet pour lier les termes ». Les maîtres ont pu remarquer que, précédemment, prévoir, prévision, prévoyance ne se sont pas suivis en étrangers, mais en cousins proclamant leur degré de parenté, se tirant, pour ainsi dire, l'un l'autre par la main.

Ce filet est bien intéressant à suivre lorsque l'histoire vient le broder de souvenirs, et le maître ne manquera pas de rapporter, des bons livres qu'il peut consulter aujourd'hui, les détails de la vie passée qui éclairent et fixent à toujours, dans le plaisir de l'intelligence, le sens des mots que nous employons.

Si, par exemple, à propos du texte *Combat de Chevaliers* (Recueil Bouillot, 8°), nous étudions la famille du mot arme, nous pour-

'rons dire, sans soulever aucune odeur de moisi : « Chez les chevaliers, l'ensemble des *armes* défensives formait l'*armure*. Regardez l'image, vous pouvez bien penser qu'après un choc aussi terrible l'armure des champions doit être bosselée. Après le tournoi, les serviteurs la portaient sans doute à l'ouvrier qui les fabriquait ou les réparait, c'est-à-dire à ?.. Mais oui, à l'*armurier*. En temps ordinaire, les seigneurs ne portaient pas l'armure ; on serrait ses différentes pièces dans un buffet fixé au mur : l'*armoire*. Regardez maintenant l'étoffe qui couvre la croupe du premier destrier, on dirait un lion, comme ceux des pièces belges. C'est qu'en effet, pour se faire reconnaître de leurs vassaux dans la mêlée ou des assistants dans le tournoi, les chevaliers avaient soin de faire peindre, notamment sur la cuirasse ou l'écu, des figures qui portent le nom d'*armoiries*,... etc. (1) ».

Un extrait du cahier des catégories
(Vocabulaire)

Préfixe *e*, *ex*, l'x s'assimile devant f, s.

Texte *le Renard et le Bouc*

1° mouvement du dedans au dehors :
s'é-chapper (chape)   se glisser hors de la chape, s'échapper de ce dans quoi on est pris, d'où s'enfuir, sortir du péril.
Comment le bouc va-t-il s'échapper de sa prison ?

s'écarter (é-quart)   mettre en un quartier, dans un coin.
éloigner, s'élever, effusion.

2° extraction :
ex-traire (tirer)   tirer hors de.
Comment le petit renard aurait-il pu extraire le gros bouc du puits ?
expliquer, exprimer (pression), exhaler (haleine).

3° privation :
es-soufflé   Le bouc dut s'essouffler en vains efforts.
écervelé, éhonté, époumonné.

4° valeur augmentative, trop :
é-perdu   Le bouc, éperdu, voit son compagnon s'éloigner.
écourter, élargir, éploré, excéder (aller).

5° Marquer souvent une idée voisine du verbe simple, idée qui est spéciale à chacun des cas et relève de l'étude des synonymes.
Ex. — Le bouc se lançait dans une étrange aventure.
Le bouc ne pouvait s'élancer hors du puits.
Le bouc changea d'avis sur son compagnon,

---

(1) D'après l'article arme. *Lexicologie*, Pessonneaux et Gautier.

Le bouc aurait volontiers échangé sa situation contre celle du renard.

6° *Synonymes de « qui n'est plus »* :

ex-ami   L'ami bouc n'était plus que l'ex-ami bouc.

2. — ANALYSE ET GRAMMAIRE

Précisions :

L'arrêté du 25 juillet 1910 rend officielle une nouvelle nomenclature grammaticale et la circulaire qui la préface vient consacrer de son autorité l'esprit dans lequel nous voulons enseigner la grammaire.

1° La grammaire ne doit pas être « une science distincte, se suffisant à elle-même et ayant sa fin en soi (1) ». Elle doit naître de « l'observation méthodique des textes », servir à les mieux comprendre dans la forme et dans le sens et, par un retour naturel, s'appliquer, à mesure des progrès, à tout ce qu'on dit comme à tout ce qu'on écrit.

2° « Dans l'enseignement primaire, notamment, et pour les élèves qui n'ont pas à étudier d'autre langue que le français, il conviendra de réduire autant que possible le vocabulaire technique (1). »

Voici les retranchements que nous ferions à la nomenclature en ce qui concerne le cours moyen : articles partitifs (tous les partitifs ne sont-ils pas indéfinis?); genre neutre des pronoms; cas des pronoms; locutions verbales, verbes auxiliaires autres qu'avoir et être (ces notions sont bien délicates par endroits); apposition (variante parfois intéressante du complément et qu'il suffit d'appeler complément).

3° Gardons-nous de la manie des définitions : « Presque toutes celles que les grammairiens ont proposées sont ou inexactes ou trop difficiles (1) ». Elles restent pour nos petits élèves pur savoir de perroquet ne voltigeant que par la seule mémoire.

Au lieu de faire apprendre la définition, donnons l'intuition. « Ce n'est rien que ce changement et c'est tout, car c'est la « substitution d'une méthode à une autre. On ne commence plus « par une définition, on ne finit même pas par elle; on fait une « simple constatation. Il y a une différence totale, essentielle, « entre la définition qui dit : « Le verbe est un mot qui... » et « cette simple constatation : « Le mot qui, dans cette phrase, lie « l'attribut au sujet, s'appelle le verbe ; le mot qui dit ici ce que « fait le sujet, s'appelle le verbe. » (2)

« Avec le premier système, je suis obligé, sous peine d'erreur, « de renfermer dans ma phrase toutes les fonctions du verbe, et « je ne le puis pas. Avec le second, quand je l'ai vu en fonctions,

---

(1) Circulaire du 25 septembre 1910.
(2) F. Brunot.

« que j'ai examiné et compris ce qu'il fait dans une phrase, puis
« dans une autre où il n'a pas le même rôle, je nomme verbe le
« mot que je viens d'observer ; rien de plus. » (1)

Il nous est impossible, dans notre cadre si limité, de commenter en détail la nouvelle nomenclature, de donner pour chacune de ses parties des séries de leçons et d'exercices sur les textes. Nous tracerons simplement l'esquisse rapide d'un groupe de leçons, puis nous donnerons quelques exemples de la riche variété des devoirs.

Les Compléments du Verbe (cours supérieur) (2)

La nomenclature dit seulement : Des compléments du verbe ; complément direct, indirect (3).

Les termes direct, indirect ne s'appliquent qu'à la forme. La forme est directe, quand elle n'emploie pas la préposition ; elle est indirecte, quand elle l'emploie. (Distinguer la forme des compléments dans la fable *Le Loup et l'Agneau*, par exemple :

Et je sais que *de moi* (indirect) tu médis *l'an passé* (direct)

Remarque. — Lorsque le pronom est employé sans préposition, mais que le sens veut la préposition qu'omet la forme, on dit encore que ce pronom complément est indirect. Exemple :

On *me* (indirect) l' (direct) a dit : il faut que je *me* (direct) venge

Cette distinction importe beaucoup dans certaines règles d'accord du participe passé (comparer : on nous a vus, on nous a nui).

La distinction : forme directe, forme indirecte est extérieure, superficielle ; elle ne pénètre d'aucune lumière l'intelligence d'un texte. Il faut qu'au cours supérieur on précise le sens des compléments. « Quand l'analyse servira à l'intelligence d'un texte, rien n'empêchera le professeur d'expliquer qu'il y a un complément direct ou indirect indiquant l'*objet* de l'action et des compléments de *circonstance* qui marquent le lieu, le temps, la manière, etc. » (Circulaire du 25 septembre 1910).

A. — *Le complément d'objet direct ou indirect*

Nous écririons au tableau noir :

Un loup cherchait...	Tu médis...
Tu troubles...	Le bûcheron songe...
Le loup emporte...	Le lion parlait...
L'agneau tette...	Dame belette s'empara...
L'hirondelle annonçait...	Les oiseaux se moquèrent...

---

(1) F. Brunot.

(2) Faire sa provision d'exemples à travers les textes précédemment étudiés. Les élèves, livre en main, chercheront, observeront sous la direction du maître. Nous avons choisi des fables de La Fontaine pour que chacun puisse se reporter facilement aux textes.

(3) Au cours préparatoire, il suffit d'apercevoir les compléments sans les différencier. Au cours élémentaire, on distinguera le complément d'objet à forme directe. Au cours moyen, on connaîtra : le complément d'objet direct ou indirect et les compléments de circonstance. Sans chercher les étiquettes particulières de ces derniers, on dira cependant la sorte d'éclaircissement qu'ils apportent (Ex. :

Dans ces membres de phrase, ferait-on remarquer, ne sont écrits jusqu'ici que :

1° le sujet qui fait l'action ;
2° le verbe qui indique l'action.

Il reste à mettre ce qui se trouve devant l'activité du sujet, l'*objet* sur lequel porte l'action (ob = devant, jet, jeté).

Par rappel de souvenirs, les élèves compléteraient ainsi :

Un loup cherchait *aventure*.	Tu médis de *moi*.
Tu troubles mon *breuvage*.	Le bûcheron songe à son *malheur*.
Le loup emporte l'*agneau*.	Le lion parlait au *moucheron*.
L'agneau tette encore sa *mère*.	Dame belette s'empara du *palais*.
L'hirondelle annonçait les *orages*.	Les oiseaux se moquèrent d'*elle*.

aventure		chercher		loup
breuvage		troubler		tu
agneau	sont	emporter		loup
mère	les *objets*	tetter		agneau
orages	sur lesquels	annoncer	des sujets	hirondelle
moi	portent	médire		tu
malheur	les actions	songer		bûcheron
moucheron	de	parler		lion
palais		s'emparer		belette
elle		se moquer		oiseaux

Nous avons maintenant partout le personnage sujet d'où part l'action exprimée par le verbe, et le personnage objet auquel aboutit ou tend à aboutir cette action.

Remarque I. — Aventure, breuvage, agneau, mère, orage sont des compléments d'objet à forme directe ; de moi, à son malheur, au moucheron, du palais, d'elle sont des compléments d'objet à forme indirecte.

Remarque II. — Est donc complément d'objet non seulement notre ancien complément direct, mais encore tout complément précédé d'une préposition qui est l'objet sur lequel porte l'action du sujet.

Soit oralement, soit en devoir, l'exercice se poursuit par la recherche des compléments d'objet que présente, par exemple, la fable *Le Loup et le chien*.

B. — *Les compléments de circonstance directs, indirects*

Lorsque la notion de complément d'objet sera bien comprise, nous dirons : ce n'est pas tout ; la scène entre nos deux personnages se joue au milieu de décors qui peuvent indiquer le *moment* où se passe l'action, le *lieu* de cette action, la *manière* dont elle se fait, la *cause* pour laquelle on la fait, le *but* en vue duquel on agit, etc. L'auteur doit donc donner souvent des explications complémentaires, ce sont les *compléments de circonstance*.

Remarque I. — Complément de circonstance est un terme général ; on le remplace dans la pratique par la précision des

---

Un jour sur ses longs pieds allait je ne sais où.... jour indique qu'on ne sait plus trop quand ; sur ses longs pieds montre comment allait le héron ; où montre qu'on ne sait guère où se rendait le héron).

cas particuliers : on dit complément de temps, complément de lieu, etc.

Remarque II. — Suivant que le complément de circonstance emploie la préposition ou s'en dispense, il est encore à forme directe ou indirecte.

Il serait temps d'analyser quelques exemples aussi divers que possible :

1. — *Autrefois* (temps) le rat de ville
   Invita le rat des champs,
   D'une façon fort civile, (manière)
   A des reliefs d'Ortolans. (but)
   Sur un tapis de Turquie (lieu)
   Le couvert...

2. — Enfin, n'en pouvant plus *d'effort et de douleur,* (cause)
   L. F., I, 16.

3. — Que je me vas désaltérant
   Dans le courant (endroit)
   Plus de vingt pas (distance) au-dessous d'elle.

4. — Il leur tomba *du ciel* (origine) un roi tout pacifique :
   L. F., III, 4.

etc. — Le nombre des catégories du complément de circonstance est aussi illimité que le nombre des nuances qu'on peut exprimer. L'élève n'a pas à se munir d'un lexique de dénominations. Lorsqu'il est dépourvu du vocable qu'il faudrait, qu'il dise tout uniment complément de circonstance, mais sache montrer qu'il comprend le sens.

Exemple : Le loup l'emporte, et puis le mange,
Sans autre forme de procès.

Sans autre forme de procès, complément de circonstance, indique que le loup cesse de chercher de prétendues raisons de droit et passe à la raison du plus fort.

Remarque III. — Parmi les compléments de circonstance, il en est deux qui doivent particulièrement retenir l'attention du cours supérieur. Ce sont :

1° Le complément d'agent.

Il indique, dans la forme passive, l'auteur de l'action que subit le sujet :

Ce brouet fut par *lui* servi sur une assiette :
L. F., I, 18.

Le lion, terreur des forêts, ..
Fut enfin attaqué *par ses propres sujets,*
L. F., III, 14.

2° Le complément d'attribution.

Il marque à qui l'on attribue l'*objet* ou, pour parler un langage moins technique, il marque à l'avantage ou au désavantage de qui se fait l'action :

Le cheval approchant *lui* donne un coup de pied,
L. F., id.

Et, devant qu'ils fussent éclos,
Les annonçait *aux matelots.*
L. F., I, 8.

... Le créancier, la corvée
Lui font d'un malheureux la peinture achevée.

> ... Elle vient sans tarder,
> Lui demande ce qu'il faut faire.
> L. F., I, 16.

(En allemand, le complément d'attribution se rend par le datif ; nos élèves du cours supérieur qui commencent l'étude de cette langue doivent donc le distinguer).

Extraits du cahier des catégories

A. — *Peuvent être compléments d'objet :*

1° Un nom sans préposition, un nom avec préposition :

> Une grenouille vit un *bœuf*
> L. F., I, 3.
>
> *Du pâtis* d'un jeune lapin (du = de le).
> Dame belette, un beau matin ;
> S'empara..
> L. F., VII, 16.

2° Un pronom avec ou sans préposition :

> On *m'*élit roi, mon peuple *m'*aime...
> L. F., VII, 10.
>
> Je parle à *tous* ; et cette erreur extrême...
> L. F., I, 11.

3° Un infinitif avec ou sans préposition :

> « Quoi ! vous osez, dit-elle, à mes yeux vous *produire*,
> L. F., II, 5.
>
> Au bout de trente pas, une troisième troupe
> Trouve encore à *gloser*...
> L. F., III, 1.

4° Une proposition :

> Car sachez — que les immortels
> Ont les regards sur nous — ..
> L. F., XI, 7.
>
> Elle vit — un manant en couvrir maints sillons.
> L. F., I, 8.
>
> ... et pour écouter
> — D'où vient le vent .
> L. F., VI, 10.
>
> Il s'aperçoit — qu'il n'a tiré
> Du fond des eaux rien qu'une bête.
> L. F., IV, 7.

B. — *Peuvent être compléments de circonstance :*

1° Un nom avec ou sans préposition :

> *Un jour, sur ses longs pieds*, allait je ne sais où
> Le héron au long bec emmanché d'un long cou.
> L. F., VII, 4.

2° Un pronom avec ou sans préposition :

> Maître renard, par l'odeur alléché,
> *Lui* (attribution) tint à peu près ce langage.
> L. F., I, 2.
>
> Demain vous viendrez *chez moi*.
> L. F., I, 9.

3° Un infinitif avec ou sans préposition :

> Elle alla *crier* famine...
> L. F., I, 1.

Il appelle la mort. Elle vient *sans tarder*.
L. F., I, 16.

4° Un participe présent :

La mort cr\ t, *en venant*, l'obliger en effet.
L. F., I, 15.

5° Un adverbe :

Autrefois, le rat de ville
Invita le rat des champs...
L. F., I, 9.

6° Une proposition :

La cigale...
Se trouva fort dépourvue
Quand la bise fut venue.
L. F., I, 1.

Je suis prête à sortir avec toute ma bande.
Si vous pouvez nous mettre hors. (condition).
L. F., II, 7.

C. — *Complément du verbe à forme pronominale :*

1° Sens réfléchi.

Jusqu'au col il *se* plonge.
L. F., II, 10.

se, complément d'objet direct.

Il *se* nuit.

se, complément d'objet indirect.

Tu *te* romprais toutes les dents.
L. F., V, 16.

te, complément d'attribution.

2° Sens réciproque :

Si bien que sans rien faire
On *se* quitta...
L. F., II, 2.

se = l'un l'autre, complément d'objet direct.

3° Forme pronominale = forme active :

le pronom complément n'a plus de valeur distincte, ce n'est plus qu'une *habitude* de conjugaison ; on ne lui cherche plus de fonction.

Que l'ours *s'acharne* peu souvent
Sur un corps qui ne vit, ne meut, ni ne respire.
L. F., V, 20.

Sur le mulet du fisc une troupe *se jette*...
L. F., I, 4.

Du palais d'un jeune lapin
Dame belette, un beau matin,
S'empara...
L. F., VII, 16.

on considère comme un bloc : s'acharne, se jette, s'empara ; leurs compléments d'objet sont non pas se, mais corps, mulet, palais.

4° Forme pronominale = forme passive :

on considère de même la forme *se* :

Il arriva qu'au temps que la chanvre *se sème*.
L. F., I, 8.

se sème, verbe (se semer) 1er groupe, forme pronominale équivalente à la forme passive est semée, mode indicatif, temps présent, 3e personne, pluriel.

Exercices de Grammaire

L'exercice grammatical est de tous les devoirs, de toutes les lectures, de toutes les paroles : chaque pas de travers doit être recommencé droit. Il ne s'agit pas de tenir leçons à chaque faute. Elles ont été faites. Il s'agit d'arrêter l'incorrection d'un simple : « Encore! » et d'instituer l'habitude par la plus stricte observance de la règle. C'est dans la composition française surtout qu'il faut demander aux étourderies de se reprendre : c'est là qu'elles sont le plus coupables et c'est là qu'elles ont la plus ennuyeuse portée pratique. Le maître soulignera d'abord, mais sans les corriger, comme il faisait au cours élémentaire, les fautes dont l'écolier seul doit se reprendre; puis il ne soulignera plus rien, mais avertira l'auteur que trois, quatre fautes sont à trouver et à corriger : voilà une obligation qui portera des fruits.

Mais pour qu'une règle grammaticale puisse prétendre à l'obéissance, il faut d'abord que le maître l'ait bien expliquée par les textes et que l'enfant se la soit bien assimilée par des exercices d'application directe sortis de ces mêmes textes. Ces exercices sont les uns de caractère analytique, ce sont les exercices de grammaire proprement dits, - les autres, de caractère synthétique, ce sont les dictées.

Exemples d'exercices de grammaire (oraux ou écrits)

I. *Participe passé avec avoir :*

1). Relever dans le texte le *Renard et le Bouc* les participes passés conjugués avec avoir et expliquer pourquoi chacun d'eux reste invariable (en eurent pris; je n'aurais... trouvé; t'eût..... donné; tu n'aurais..... descendu).

2). Transformer les manières de parler des vers 5, 7, 20, 22, 29 de façon à y introduire un participe passé conjugué avec avoir et variable (La soif les a obligés....; les as-tu mis contre le mur....; cette machine, quant à moi, je ne l'aurais jamais trouvée; et voici le beau sermon qu'il lui a fait; certaine affaire que j'ai projetée ne me permet pas....).

II. *L'Impératif :*

Texte *le Laboureur et ses Enfants*

1). Trouver les verbes à l'impératif; les employer à la deuxième personne du singulier; à la première personne du pluriel.

| Travaille, prends de la peine | Travaillons, prenons de la peine |
| Garde-toi de vendre l'héritage | Gardons-nous de vendre l'héritage |

2). Donner le tour impératif au passage :

... mais un peu de courage
Vous le fera trouver; vous en viendrez à bout.

(Aie un peu de courage; trouve-le; viens-en à bout).

III. *Règle de tout:*

Texte *l'Oiseau-Mouche* (Buffon, Morceaux choisis, Garnier éd.)

1). Rechercher dans le texte les emplois de tout, les ranger par cas analogues; rappeler la règle de chaque catégorie.

a). de tous les êtres animés... — elle l'a comblé de tous les dons... — ... toutes les espèces d'oiseaux-mouches; — il les visite toutes; — d'après tous les auteurs; —

b) sa langue encore toute emmiellée;

c) tout appartient à ce petit favori; tous prennent l'essor; — le tout est attaché;

d) dans sa vie tout aérienne; — mais tout à fait sans action; deux œufs tout blancs; —

2). Tout devant un adjectif :

a) placer le mot tout devant les adjectifs soulignés dans le texte (leur bec est une aiguille *fine;* leurs petits yeux *noirs;* qu'elles en paraissent *transparentes;* ses jouissances *innocentes:* la vivacité de ces *petits* oiseaux; on la voit *empressée* à ce travail chéri; d'une gomme *gluante* à la main,. etc.) »

b) à quels mots se rapporte le mot tout dans les explications suivantes :

qu'ils aient assouvi toute leur petite colère ;	qu'ils aient assouvi leur toute petite colère ;
plongeant toute sa petite langue ;	plongeant sa toute petite langue ;
sa langue encore toute emmiellée ;	sa langue encore tout emmiellée ;
sa vie toute aérienne ;	sa vie tout aérienne ;
une verge toute enduite d'une gomme ; etc.	une verge tout enduite d'une gomme ; etc.

3). Les autres fonctions de tout peuvent s'étudier de la même façon en des exercices semblables.

4). Revision des fonctions du mot tout.

Texte *Souvenir* (Recueil Bouillot, 7°)

Placer le mot tout aux endroits indiqués par le maître. (Tous les cas peuvent être ainsi revisés au moyen d'un texte qui ne présente par lui-même qu'une seule fois le mot tout). Parmi les quarante exemples que nous pourrions citer :

1) toutes devenaient tristes — et refusaient tout — tous apportaient à la maison — et je prenais soin de toutes;

2) lorsque j'étais toute enfant — toute l'ardeur et toutes les tendresses d'une mère — toutes celles qui étaient encore vivantes — elles seraient toutes mortes de chagrin — je réussissais à les guérir presque toutes;

3) elles devenaient tout autres — à sacrifier toute autre joie au plaisir de la générosité;

4) de belles et douces palombes tout ensanglantées — des yeux tout pleins de larmes — que je refermais tout aussitôt — les fèves toutes vertes;

5) je la suivrais longtemps, tout yeux.

IV. Conversion de genre, de nombre, de personne, de temps et de mode, de forme :

Genre.

1). Texte *Le neveu de la fruitière* (H. Moreau,
Recueil E. Primaire, C. M.)

Dans le paragraphe : « Allons, pardonnez-lui..... de cet enfant-là », changer le genre des personnages.

Nombre.

2). Texte *M. Bergeret et son chien* (A. France, id.)

Mettre au pluriel les paragraphes : « Toi aussi, pauvre petit être noir..... » — ; « Tes oreilles velues entendent...... ».

3). Texte *Une leçon d'astronomie* (J.-J. Rousseau, id.)

Mettre au singulier le passage : Nous montons dans la forêt..... pour délibérer. »

Personne et nombre.

4). Texte *Le port d'Amsterdam en 1631* (Descartes,
Recueil Rossignol, C. M.)

Transcrire la lettre de Descartes en mettant la première personne du pluriel toutes les fois que Descartes emploie la première du singulier et en supposant que Descartes tutoie le destinataire.

Temps et mode.

5). Texte *le Renard et le Bouc*

En répondant à la question : « Que faut-il pour mettre le bouc dans un mauvais pas ? », reprenez les cinq premiers vers au mode subjonctif et au temps présent.

(Il faut que le bouc aille de compagnie....., que celui-ci ne vole pas..... etc...).

Donner le mode subjonctif et le temps présent au premier discours du renard.

(Que faut-il que nous fassions, compère ? Que nous buvions, ce n'est pas tout ; il faut que nous sortions d'ici... etc...),

Forme.

6). Texte *le Champ de la Veuve* (Florian, Recueil Bouillot, 7')

Remplacer la forme active par la forme passive et la forme passive par la forme active, dans les endroits qui vous paraîtront permettre la conversion.

V. Revision du verbe.

Texte *le Pain* (M. Bouchor, Recueil E. Primaire, C. M.)

1). Quel est le verbe principal de la première strophe (As-tu si bien fructifié) ? A quel temps est-il ? L'écrire au temps présent.

2). Justifier l'orthographe de « rêvais » (2° strophe, « germe visible à peine, — Qui rêvais...). Mettre germe au pluriel et faire varier la strophe.

3). Expliquer le mode et le temps des verbes (deux dernières strophes) : fût accompli — ajoutât — vinssent — naquit — eût dressés. Quels sont leurs sujets ?

VI. *Analyse d'un mot.*

Le mot *en*. — Texte *le Renard et le Bouc*

Copier les vers où se trouve le mot *en* :

— L'autre était passé maître en fait de tromperie.
— La soif les obligea de descendre en un puits.
— Après qu'abondamment tous deux en eurent pris,...
— Lève tes pieds en haut,...
— Après quoi je t'en tirerai.
— Tâche de t'en tirer,...
— Qui ne me permet pas d'arrêter en chemin.
— En toute chose, il faut considérer la fin.

Étudier chacun des emplois.

VII. *Les fonctions de la proposition.*
(Extrait du cahier des catégories)

1° Proposition sujet :

Il faudrait, disaient-ils, sans nous *qu'il vécût d'air.* (L. F., III, 2.)
... mais je pense
Qu'il est bon, que chacun s'accuse ainsi que moi. (L. F. VII, 1.)
Il importe à la république
Que tu fasses ton testament. (L. F., VIII, 1.)

2° Proposition complément d'objet :

Car sachez *que les immortels*
Ont les regards sur nous... (L. F., XI, 7.)
Elle vit un manant *en couvrir maints sillons.* (L. F., I, 8.)
... et pour écouter
D'où vient le vent. (L. F., VI, 1.)
Il s'aperçoit qu'il n'a tiré
Du fond des eaux rien qu'une bête. (L. F., IV, 7.)

3° Proposition complément de circonstance :

La Cigale ayant chanté
Tout l'été
Se trouva fort dépourvue
Quand la bise fut venue (temps). (L. F., I, 1.)
Je suis prête à sortir avec toute ma bande
Si vous pouvez nous mettre hors (condition). (L. F.)

4° Proposition attribut :

Le mal est — *que dans l'an s'entremêlent des jours*
Qu'il faut chômer. (L. F., VIII, 2.)
et la raison,
C'est que je m'appelle lion. (L. F. I, 6.)

5° Proposition complément du nom :

Le monarque des dieux leur envoie une grue
Qui les croque, qui les tue,
Qui les gobe à son plaisir. (L. F., III, 4.)

6° Proposition complément du pronom :

Celle *que vos préteurs ont sur nous exercée*
N'entre qu'à peine en la pensée. (L. F., XI, 7.)

— 45 —

7° Proposition complément de l'adjectif :
   Certain loup aussi sot *que le pêcheur fut sage.* (L. F., IX, 10.)

8° Proposition complément de l'adverbe
   ... La chétive pécore
   S'enfla si bien *qu'elle creva.* (L. F., I, 3.)

9° Proposition apposition.

Elle s'ajoute immédiatement à une expression pour désigner à nouveau ce que désignait déjà cette expression.
Le fait se produit surtout après les pronoms ce, ceci, qui annoncent beaucoup plus qu'ils ne désignent et sont impuissants à nommer par eux seuls :
   Un jour viendra qui n'est pas loin,
   Que ce *qu'elle répand* sera votre ruine. (L. F., I, 8.)
   Le roi Sennachérib fait ceci *qu'il est mort.* (V. H.)

La proposition est encore dite en apposition quand elle développe en proposition le nom qui devait être apposé :
   L'ours...
   ... écartait du visage
   De son ami dormant ce parasite ailé
   Que nous avons mouche appelé. (L. F., VIII, 10.)

VIII. *La ponctuation.*

1). Texte *Le Rémouleur* (Guyau, Recueil E. Primaire, C. M.)
Dans la strophe :
   Le matin, sur la place, à ma porte, aussitôt
   Que la ville s'éveille, un rémouleur s'installe.
   Auprès d'un réverbère encore fumant et chaud,
   Dont s'est éteinte au jour la flamme triste et pâle.
Justifier l'emploi des virgules. Pourqoi n'y a t-il pas de virgule après aussitôt, ville, réverbère, éteinte ?

2). Copier le texte « *l'Huitre et les Plaideurs* » au tableau noir, mais sans ponctuer ; inviter les élèves à le faire.

3). Expliquer la ponctuation dans la fable « *la Grenouille et le Bœuf* ».

4). Dicter les textes sans indiquer la ponctuation.

IX. *Exemples d'analyse.*

a) visant surtout la forme :
   Le vent redouble ses efforts,
   Et fait si bien qu'il déracine
   Celui de qui la tête au ciel était voisine
   Et dont le pieds touchaient à l'empire des morts.

[Les analyses « intégrales » doivent être rares ; on fera beaucoup mieux de choisir les termes, les propositions à analyser, ou de se borner à l'enchaînement des propositions. Nous ne prenons l'exemple complet que pour donner plus brièvement la démarche des divers exercices d'analyse].

1re proposition : Le vent redouble ses efforts — principale coordonnée à la principale suivante par la conjonction *et*;

Sujet : vent — nom commun, masculin singulier ; précédé de l'article défini le ;
Verbe : redouble — 1ᵉʳ groupe, forme active, mode indicatif, temps présent, 3ᵉ personne, singulier ;
Complément d'objet : efforts — nom commun, etc. ; précédé de l'adjectif possessif ses ;
2ᵉ *proposition :* Et fait si bien — principale, coordonnée... (voir ci-dessus) ;
Sujet : celui de la proposition précédente ;
Verbe : fait — 3ᵉ groupe, forme active, mode... etc. ;
Complément du verbe (manière) : si bien — bien adverbe complété par l'adverbe si ;
3ᵉ *proposition :* Qu'il déracine celui — proposition subordonnée introduite par la conjonction de subordination que, complément de l'adverbe si bien ;
Sujet : il — pronom personnel, 3ᵉ personne, singulier, représente le vent ;
Verbe : déracine — 1ᵉʳ groupe, forme active, mode... etc. ;
Complément d'objet : celui — pronom démonstratif, représente le chêne à l'aide des deux propositions qui suivent celui ;
4ᵉ *proposition :* De qui la tête au ciel était voisine — subordonnée introduite par le pronom relatif qui, apposition du pronom celui ;
Sujet : tête — nom... etc... ; précédé de l'article défini la ;
Complément du sujet : qui (la tête de qui) — pronom relatif, masculin singulier, représente celui ;
la préposition *de* marque le rapport entre tête et qui ;
Verbe : était — 3ᵉ groupe, forme active, etc. ;
Attribut : voisine — nom employé comme adjectif, féminin singulier ;
Complément de l'attribut : ciel — nom commun, etc... ; précédé de l'article défini au, forme contractée : à le ; à, préposition marquant le rapport du ciel à voisine ; le, etc...
5ᵉ *proposition :* Et dont les pieds touchaient à l'empire des morts — (voir subordonnée précédente ; coordination et) ;
Sujet : pieds — nom, etc... ; précédé... etc. ;
Complément du sujet : dont — (voir ci-dessus qui ; dont duquel) ;
Verbe : touchaient — 1ᵉʳ groupe, forme active, etc. ;
Complément du verbe (de limite) : empire — nom... etc. ; précédé, etc. ; empire est relié au verbe par la proposition à ; il a pour complément des morts ; morts — nom commun, etc. ; précédé de l'article défini des... (voir précédemment au).

b) visant surtout le sens :

    Mon père, ce héros au sourire si doux,
    Suivi d'un seul housard, qu'il aimait entre tous
    Pour sa grande bravoure et pour sa haute taille,
    Parcourait à cheval, le soir d'une bataille,
    Le champ couvert de morts sur qui tombait la nuit. (V. H.)

Cette sorte d'analyse convient bien lorsqu'on veut pénétrer plus avant dans l'explication d'un passage. Elle se fait toujours oralement.

1° Distinguons la principale : Mon père, ce héros au sourire si doux, suivi d'un seul housard parcourait à cheval, le soir d'une bataille, le champ couvert de morts.

2° Expliquons-la.

a) *le sujet :*

Père est complété par { 1) mon
2) ce héros au sourire si doux
3) suivi d'un seul housard... taille.

1) Mon est un adjectif possessif, il indique que c'est le père de l'auteur.

2) Ce héros au sourire si doux :

héros est un nom de personne ; il est apposé à père et montre chez le père à la fois le *courage* et le *dévouement* ;

héros est précédé du démonstratif ce qui met en relief héros en le désignant au lecteur ;

héros est complété par sourire qui est un nom d'action ; sourire montre que ce héros a la vertu aimable ;

sourire est relié au mot qu'il complète par l'article défini contracté au = à le ;

le sens de sourire est précisé par l'adjectif doux qui apporte l'idée de bonté ;

l'adverbe si rend plus fort le sens de doux.

3) Suivi d'un seul housard... taille :

suivi est un participe passé construit en apposition avec père ; il souligne le courage du père (le père est suivi, non pas précédé, dans cette reconnaissance périlleuse) ;

suivi est complété par l'expression « d'un seul housard » ;

housard est un nom de cavalier, il indique l'escorte du général ; l'épithète un seul (seul adjectif qualificatif, un article indéfini) appuie encore sur le courage du père (un seul homme d'escorte sur ce champ de bataille) ;

housard est encore complété par la subordonnée « qu'il aimait entre tous pour sa grande bravoure et pour sa haute taille » : cette subordonnée est introduite par le pronom relatif que, qui représente le housard et devient le complément d'objet du verbe aimait.

Celui-ci est au mode indicatif (simple constatation) et au temps imparfait (présent dans le passé qu'on évoque).

Le verbe aimait a deux compléments : 1° entre tous, 2° pour sa grande bravoure et pour sa haute taille :

tous est un pronom indéfini qui représente les housards auxquels commande le général ; il se relie au verbe par la préposition entre qui marque le choix (au milieu de...) ;

bravoure est un nom de qualité, qui marque le courage à la guerre, la disposition à affronter le danger ; il est attribué au nom housard par l'adjectif possessif sa et relié au verbe aimait par la préposition pour qui marque le motif (= à cause de...) Bon, le père aime tous ses soldats ;

brave, il préfère les plus braves, aussi bravoure est-il complété par l'épithète grande.

La bravoure est surtout efficace quand elle est servie par la force; c'est ce qui explique le second complément, « pour sa haute taille », de même construction que le précédent.

b) *le verbe, parcourait* : Il semble bien que parcourir signifie ici non pas traverser de bout en bout, mais traverser en divers sens, en courant çà et là (par-courir). Le mode est l'indicatif (affirmation) et le temps, l'imparfait (action rapportée vaguement au passé).

c) *les compléments de circonstance* :

à cheval (nom et préposition à = sur) peint la manière de parcourir;
le soir d'une bataille :
soir précédé de l'article défini est complété par bataille précédé de l'article indéfini (il y a eu tant de batailles dans cette guerre d'Espagne); la préposition de rapporte bataille à soir;
le soir d'une bataille précise à la fois la journée et le moment.

d) *le complément d'objet direct* :

le champ — par ce qui précède et ce qui suit on entend le champ — c'est-à-dire le lieu de la bataille;
champ est complété par l'expression couvert de morts qui donne à champ la signification de champ de bataille et marque le caractère sinistre qu'il présente;
couvert — participe passé employé en apposition, signifie parsemé de, plein de.;
morts a évidemment la signification de tués.

Reste un complément, la subordonnée introduite par le pronom relatif qui — sur qui tombait la nuit —. L'auteur a-t-il voulu le rapporter au champ tout entier avec ses morts (en ce cas nos règles actuelles voudraient sur lequel); a-t-il voulu le rapporter aux seuls morts ? — Les deux opinions se peuvent soutenir.

Remarquons l'emploi de qui comme complément d'objet indirect de tombait et le rejet du sujet nuit derrière le verbe.

Au point de vue du sens, le complément : sur qui tombait la nuit, ajoute à l'horreur de la mort celle de l'obscurité.

Les compléments — le soir d'une bataille, le champ couvert de morts, sur qui tombait la nuit — sont bien dans l'unité de la pensée : ils soulignent la bravoure du père.

Conclusion : le paragraphe développe le portrait moral du père en ces deux traits, la bravoure et la bonté qu'annonce le terme capital : héros.

Remarque. — Ainsi simplifiée et sans attirail dogmatique, ainsi réduite à des moyens logiques et clairs d'apercevoir les fonctions des propositions dans la phrase de la même façon qu'elle aperçoit les fonctions des termes simples dans la proposition simple, l'analyse logique devant enfin l'analyse de la pensée en même temps que celle de la forme et descend à la portée d'enfants du cours moyen.

X. *Révisions :*

Les meilleurs exercices de révision seront des exercices d'analyse logique suivis de questions.

Exemple. — Texte *la Guerre* (Guyau, Recueil E. Primaire, C. M.)

> Je travaille pour *toi*, je prends en main ta cause,
> Je t'aime, *toi* sur *qui* notre avenir repose.
> *Qui* pour devoir auras : justice et liberté,
> Car tu portes en toi, peuple, l'Humanité...

1) Faire le tableau logique de la phrase. — 2) Indiquer l'état civil et la fonction des mots soulignés. — 3) Expliquer la ponctuation. — 4) Mettre la phrase au pluriel. — 5) Raconter la phrase (Le poète travaille pour le grand peuple qui finira la guerre, il prend en main cette cause du grand peuple, il l'aime ce grand peuple sur lequel notre avenir repose et qui aura pour devise : justice et liberté, car il porte en lui l'Humanité).

Exercices de dictée

On rencontre encore cette antique modalité : l'instituteur atteint sa revue, cherche la page et, ramassant d'un regard circulaire tous les yeux qui l'attendent au-dessus des bras eux-mêmes attentifs, il lit le texte dans le silence sacré qui, soudain, transit d'inquiétude jusqu'aux plus petits du petit banc. Puis il répète, résigné aux pires catastrophes : « Dictée ! » Les mains sautent sur les plumes, les plumes sur les lignes. . L'exercice se poursuit, discipline des enfants, tranquillité du maître, en toute absurdité. Comment veut-on que les enfants devinent ce qu'ils ne savent pas ? Les fautes pleuvent, le maître s'applaudit : « Voilà, dit-il, une bonne dictée ; il faut que je la note pour l'an prochain. » Ah ! le beau tapage qui réveille tous ces écoliers à l'école dormant quand le sacramentel « point final » tombé, on vous leur écrase le nez sur toutes les fautes qu'ils ont dormies ! Que de vilaines paroles ! que de mots pointus ! que de pensums ! que de larmes ! « Quelle classe ! Monsieur l'Inspecteur. » L'inspecteur pense : « Quel maître ! il voulait enseigner l'orthographe, il vient d'apprendre à faire des fautes..... Encore, s'il ne s'était pas fait haïr.. »

D'autres instituteurs admettent volontiers que, lorsque l'intelligence enfantine ne comprend pas, c'est le seul hasard qui « met l'orthographe ». Aussi, avant de dicter le texte offert par la revue, font-ils un louable effort pour expliquer le sens des passages obscurs. Mais quant à rappeler les règles d'accord ou révéler les orthographes difficiles, allons donc !... comment verrait-on ce que sait l'élève ?... — Et cependant, ne vaudrait-il pas mieux diminuer l'ignorance que la peser.....

Enfin, voici des maîtres plus logiciens. Ils pensent que la dictée doit enseigner l'orthographe, et non pas faire commettre des fautes. Non seulement ils expliquent le sens, mais ils font écrire, épeler les mots hypocrites ou barbares, ils attirent l'attention sur le piège des accords malicieux. Toutefois, c'est encore au devoir de la revue qu'ils ont recours. « Pourquoi ne prenez-vous pas le texte de lecture que vous venez d'expliquer ? Ne serait-il pas commodo de profiter de l'ouvrage fait ? Ne serait-elle pas utile, cette « rumination » du texte qui se poursuivrait au long de son écriture ? Pourquoi vous mettre sur les bras l'explication *grosso modo* d'un nouveau texte ? Pourquoi étrangler la cérébration commencée, pourquoi lancer un courant d'idées nouvelles qui étouffent les premières, sans doute, mais non sans être meurtries par de légitimes défenses ? » — Mais la besogne des élèves serait trop facile. — D'abord, pour une fois, il semble bien que la besogne la plus facile soit aussi la plus féconde : si l'orthographe est affaire d'intelligence, de souvenir et d'habitude, quand trouverez-vous plus belle occasion de poursuivre habitude mieux commencée, de fortifier souvenir plus frais, d'achever intelligence mieux préparée, sinon après la leçon même de lecture expliquée ? Ensuite, le maître d'initiative sait varier l'exercice en cent façons propres à corriger l'excès de facilité.

Voyons comment il procède.

Comme au cours élémentaire, il relit le texte avec ses élèves, il les arrête partout où l'expérience l'avertit que tout à l'heure la plume hésiterait, il leur fait enregistrer de la vue, de l'oreille, de la parole, du crayon, de l'intelligence, les graphies difficiles. On ferme les livres ; on ouvre les cahiers. A partir de ce moment, nouvelle tactique. Le maître ne dicte plus en entier le texte ou la partie du texte choisie ; il ne suit plus religieusement la forme de l'auteur. Il ne prélève ici que tel membre de phrase ; là, il dicte toute la phrase, car toute la phrase lui semble excellent exercice ; plus loin, il change la construction, la forme du verbe, le mode, le temps, la personne, le nombre, le genre ; tout à l'heure, par une légère modification, il verra si l'on a pas oublié telle règle, telle exception ; parfois il invite le plus étourdi à réfléchir tout haut avant d'écrire, ou bien, au contraire, il laisse écrire et ne se fait rendre compte qu'ensuite, etc. Ainsi l'exercice revit la pensée du texte, revoit les leçons de grammaire ou de vocabulaire sorties du texte, appuie dans la mémoire les formes orthographiques du texte et rafraîchit encore tous les souvenirs des leçons passées par une activité d'efforts qui n'est pas du tout la « besogne trop facile » que l'on craignait.

Le carnet d'orthographe nous rend au cours moyen mêmes services qu'au cours élémentaire. Il est devenu chapitre du cahier des catégories. Des revisions orales ou écrites le parcourent chaque semaine. Faut-il ajouter qu'il recueille non seulement la substance orthographique des lectures-dictées, mais encore tous les exemples qui surprennent la classe : de « l'au temps ! » de la leçon de gymnastique au « Vivent les vacances ! » des chants de fin d'année.

Après la dictée qui enseigne et la dictée qui revoit, il nous reste à dire un mot de la dictée qui contrôle. De temps en temps, une fois, deux fois par mois, plus souvent aux approches du certificat d'études, il est bon de jeter la sonde et de préparer l'enfant à ce tête-à-tête avec un texte inexploré, qui l'attend au jour de l'examen. Les maîtres n'ont qu'à se souvenir de la manière qui fut esquissée au commencement de ce chapitre. Qu'ils se dispensent toutefois de la crise finale. Seule la dictée de contrôle doit être suivie de cet « exercice complémentaire » que l'on multiplie et que l'on déforme en trop de classes. On le déforme, quand on pose des questions d'histoire ou de géographie, de leçons de choses, etc., et non pas des questions de français ; on le déforme encore, quand, avant d'écrire, les enfants écoutent d'abord les explications du maître, si bien qu'ils n'ont plus qu'à se souvenir. On abuse de « l'exercice complémentaire », quand, après chaque dictée, on l'institue en appendice indispensable. Encore une fois, il doit venir après la dictée de contrôle, parce qu'il est lui-même un contrôle ; mais il ne doit pas suivre l'ordinaire dictée, parce qu'il serait une réédition : les questions de sens, de réflexion, de plan n'ont-elles pas été posées pendant ou après la leçon de lecture expliquée ? Celles de grammaire, d'analyse, ou de vocabulaire, pendant ou après leurs leçons respectives ? Après la dictée qui enseigne, il n'y a qu'un seul devoir opportun : le *mea culpa* écrit des fautes commises.

EXEMPLE D'EXERCICE COMPLÉMENTAIRE

Texte la *Laitière et le Pot au lait*

1) Trouver les deux vers qui servent de transition entre les trois parties du récit. — 2) Analyser « à s'engraisser ». — 3) Quelles différences de sens entre pot au lait, pot à lait, pot de lait ? — 4) Quelques exemples de la famille du mot lait (vous inspirer du texte pour employer les exemples cités).

Nous ne répéterons pas ce que nous avons dit, soit au cours élémentaire, soit à celui-ci, du soin orthographique de tous les devoirs et des moyens de l'obtenir.

3. EXERCICES D'ANALYSE-SYNTHÈSE

Nous les avons définis des traits d'union entre la lecture expliquée et la composition française. Essayons de justifier cette définition par des exemples.

I. *Analyse-synthèse d'un détail :*

a) Choisir une scène du récit et l'illustrer ; une légende indiquera par des rappels du texte l'introduction de tel ou tel détail dans le dessin.

b) A quel vers, à quelle phrase correspond la gravure, montrez-le.

c) Choisissez un passage du texte ; voyez en imagination ce qu'il évoque (décor, tableau, situation, personnage, action) ; dessinez ; décrivez.

Exemples : Cinq premiers vers du texte le *Coche et la Mouche*.
— « Et Poum, devant tout ce monde, prisonnier de la main de bois vengeresse ! » (P. et V. Margueritte).
— En attendant, sur mon échelle,
Je suis manœuvre de maçon. (J. Aicard).
etc., etc.

d) Relever dans le texte les traits qui caractérisent un personnage ; dites les réflexions que vous suggère chacun ; essayer de dessiner le personnage.

Ex. : *La Vieille Servante* (Flaubert, Recueil Mironneau, C. M.).

II. *Analyse d'un procédé :*

a) Observation par les sens.
Texte *le Tilleul et le Bouleau* (A. Theuriet, Recueil Guéchot, C. M.); examiner comment chacun des sens a renseigné l'auteur.

b) Observation raisonnée.
Texte *Zadig* (Voltaire, même recueil); examiner comment Zadig a pu répondre : « C'est une épagneule très petite ; elle boite du pied gauche et elle a les oreilles très longues ».

III. *Resserrements graduels :*

a) Résumer chacun des paragraphes en une phrase.
b) Résumer tout le texte dans une seule phrase.
Texte *l'Hirondelle et les petits Oiseaux*. « Une hirondelle expérimentée conseille successivement, aux oisillons de manger les graines de chènevis, d'arracher brin à brin les jeunes pousses, enfin de se terrer dans quelque trou ; mais les oisillons dédaignent à chaque fois le sage conseil et sont victimes de leur aveuglement. »

c) Trouver le titre caractéristique.
Ex. : Texte *le Chêne et le Roseau ;* quel sous-titre pourriez-vous donner à cette fable dans un livre de morale ?
— Texte *Après la bataille ;* trouver un titre qui précise le récit.

IV. *Montrer comment le titre résume le texte.*

Ex. : Texte *Une leçon d'égalité* (E. Quinet, Recueil Rossignol, C. M.).
— Texte *les Embarras de Paris* (Boileau, Recueil Rossignol, C. M.).
— Texte *Absurdité de la Guerre* (La Bruyère, Recueil Rossignol, C. M.), etc., etc.

V. *Etudier l'enchaînement des idées dans une partie du texte.*

Texte *Le Chat et un vieux Rat*, (« Comme il voit que dans leurs tanières... Attrape les plus paresseuses »).
Les souris n'osent plus sortir, il faut donc les rassurer. Comment mieux y parvenir qu'en se faisant passer pour mort ? Simulons donc la mort, et de façon à persuader et de façon à se tenir prêt au massacre. C'est fait. Première suite naturelle d'un tel évènement, les caquets : les yeux ne suffisent pas à rassurer les esprits, il faut que ceux-ci s'expliquent, se démontrent, que l'apparence est vraisemblable. — Deuxième suite naturelle, la joie. — Troisième suite naturelle, enhardissements successifs jusqu'à la parfaite sécurité. — Le résultat est obtenu, la conclusion peut tomber.

VI. *Raisonner la composition d'un texte.*

Texte *le Corbeau et le Renard.*
Que doit prouver le récit ? Il faut donc combien de personnages ? De quelle sorte l'un et de quelle sorte l'autre ? La Fontaine a-t-il bien choisi ? Ne faut-il pas encore un autre personnage

faute duquel la fable devient impossible ? (1) La Fontaine a-t-il bien choisi ?

Comment mettre les personnages en présence ? La Fontaine a-t-il bientôt fait ?

Que faut-il inventer maintenant ? Le renard a-t-il bien trouvé ?

Enfin, que faut-il dire encore, fromage tombé, des deux personnages ?

VII. *Rappeler ou trouver comment l'unité d'intention organise les paragraphes du texte étudié ou du texte à préparer.*

VIII. *Tirer du texte une leçon de composition française.*

Jusqu'ici les sommaires des compositions françaises ne faisaient qu'incliner la classe dans le pli des habitudes doucement marquées déjà par les « études d'objet ». Ils étaient les exemples vivants des règles du bon sens, mais ces règles ne se formulaient que pour le maître. Il est temps de faire apercevoir la formule à l'intelligence des enfants.

Soit dans l'une ou l'autre de leurs parties, soit dans leur totalité, les textes sont souvent les réalisations magnifiques des humbles « types de composition française » auxquels nous avons essayé le cours élémentaire. Faire saillir cette analogie, abstraire la règle, la retrouver sous des visages toujours divers, n'est-ce pas mettre dans les esprits la netteté du procédé en même temps que les prévenir contre toute raideur ?

Ex. : *a)* Texte *l'Hiver à la Campagne* (G. Sand, Recueil Guéchot, partie du maître, C. M., p. 52).

Étudier le texte avec les élèves pour en tirer cette leçon : « Quand on veut décrire un tableau, on souligne l'intention qui fait l'unité de ce tableau, puis on cherche les choses essentielles que désigne cette intention ; enfin on s'arrête successivement, de tous les sens, de toute son intelligence, de tout son cœur à ces choses essentielles pour mettre en relief le rapport de chacune avec l'intention. »

— *b)* Prendre la formule qui précède et la faire nourrir par le texte *La Sieste* (Ch. Reynaud, Recueil Guéchot, C. M.).

Intention : montrer la trêve du travail à midi, dans une ferme vue de la cour ;

Choses essentielles : sous le hangar (les personnes, les instruments de travail) ;
dans l'étable (le repas des animaux de travail) ;
dans la cour (le repos du chien) ;

Observation des choses essentielles (les rapports avec l'intention sont soulignés) :
sous le hangar : 1° *l'ombre amie* ; 2° les laboureurs et les bergers *sur le dos*, ils *dorment* ; 3° les outils *épars*, la charrette *allongée*, les *lourds* tombereaux ;

---

1) Le fromage.

dans l'étable : *porte ouverte* ; *les bœufs et les chevaux tirent le fourrage, fouettant les mouches* ;

dans la cour : *sous un arbre, le chien dort allongé ; comme un griffon de marbre* ;

Conclusion : *Tout est en paix.*

Nota. — Nous verrons au chapitre de la composition française comment les types nouveaux prendront dans les textes et leur modèle et leur formule.

IX. *La phrase.*

Bien des maîtres enchaînent une suite de leçons sur la construction de la phrase. Ils apprennent aux enfants, par exemple :

à construire une proposition, l'un des termes étant donné ;
à développer une proposition à l'aide des questions où ? quand ? comment ? pourquoi ?
à construire une phrase qui contiendra tant de propositions de telle sorte ;
à disloquer la phrase soit pour changer la nature des propositions, soit pour abréger telle forme, soit pour épanouir telle autre ;
etc., etc.

Ces exercices, lorsqu'ils sont pratiqués en dehors des idées remuées soit par les textes de lecture expliquée, soit par la correction des compositions françaises, nous apparaissent franchement mauvais. D'abord les élèves ne travaillent que sur des formes artificielles, détachées des choses. Ce sont exercices de bavards. Nous n'y voyons pas le naturel besoin d'un esprit s'élaborant parole en même temps que pensée. Les enfants qui écrivent : le chien est fidèle, la terre est ronde, le père est bon, ... ne voient pas en imagination ce que la plume écrit sous la dictée de souvenirs purement verbalistes ; ils tâchent à la construction d'une forme, mais l'esprit ne pense pas plus à ce qu'il dit que la plieuse de journaux ne médite l'article de fond. En outre, il est à craindre « que la grammaire ne soit envisagée comme ayant sa valeur en elle-même et non dans ses rapports avec l'expression de la pensée, que les enfants y voient, je ne dis pas une science, mais comme une sorte de casse-tête dont il faut laborieusement étudier le secret. C'est ainsi qu'on arrive à donner des exercices dans le genre de celui-ci : « Faire une phrase comprenant trois subordonnées circonstancielles, une principale, deux subordonnées complétives. » Ces excès sont rares heureusement, mais ils sont caractéristiques d'un état d'esprit qu'on ne saurait trop combattre. » (M. Benoist, *Revue Pédagogique*).

Au contraire, pratiquée avec mesure, sur le texte de la lecture ou sur le devoir de l'élève, dans une recherche de la forme dictée par le besoin de bien comprendre ou de s'exprimer bien, l'étude de la phrase fait d'abord la clarté et munit ensuite l'élève de modalités et d'équivalences d'un prochain emploi. (Voir l'ouvrage déjà cité de M. Pierre et Mlle Martin, mais nourrir les exercices du texte lu ou du texte à corriger).

Exemples d'exercices sur la phrase :

a) Voir la classe de français au cours élémentaire, exercices I, II, III, IV, p. 28. — *b)* p. 33.

b) Pourquoi l'auteur a-t-il commencé la phrase par tel détail ? Par quels autres détails aurait-il pu commencer ? Quelles idées aurait-il alors mises en relief ?

Textes : *Après la Bataille*, 1ᵉʳ paragraphe ;
Le Rémouleur (Guyau), 1ʳᵉ strophe ;
Etc., etc.

c) Texte : *La Chèvre de M. Seguin*. Etudier les phrases suivantes au point de vue de la construction et trouver ce qu'elles gagnent à commencer, non par le sujet, mais par des compléments ou des adjectifs : 1. « Tout à coup, le vent fraîchit... » 2. « Enorme, immobile... » 3. L'une après l'autre, les étoiles... » 4. « Enfin, dit la pauvre bête... »

d) Donner le tour narratif à un dialogue :
Texte : un fragment de théâtre classique ; une fable : *le Pot cassé* (V. Hugo), etc.

e) Inversement, dialoguer le tour narratif :
Texte : *La Chute d'un Gland* (Viennet).

Il ne s'agit pas ici de remplacer la langue de l'auteur par la langue de l'enfant. C'est un exercice de construction, non d'imitation ; il emploie les mots mêmes de l'auteur et se fait bien surtout oralement.

X. *La diction.*

Texte : *Le Vieillard et ses Enfants.*
Extrait d'un exercice donné par le recueil de M. Rossignol, C. M. : « Citer trois fins de vers où il ne faut pas laisser tomber la voix. Indiquer pourquoi il faut lire le quatrième vers avec trois intonations différentes. Chercher le *mot de valeur* dans les vers 1, 2, 3, 4, 6, 10, 11, 12, 13, 14.

4. RÉFLEXION SUR LES IDÉES ET LES SENTIMENTS

La variété des exercices est telle qu'il serait puéril de risquer l'énumération des principaux types. La poignée d'exemples qui suit n'a d'autre intention que de marquer ici comme ailleurs le progrès de la classe de français.

I. Texte : *Le Laboureur et ses Enfants*. — Quelqu'un assistait-il au dernier entretien du Laboureur avec ses Enfants ? Pourquoi ? — Les fils trouveront-ils le trésor attendu ? Pourquoi ? — Que signifiait donc : « Un trésor est caché dedans ? » — Expliquez maintenant pourquoi le père a fait semblant de confier à ses fils un secret aussi important qu'il fallait « parler sans témoins ? ». — Que pouvait donc craindre le père ? quel mot vous le montre dès le commencement de la fable ».

II. Texte : *M. Bergeret et son chien* (A. France, 108ᵉ lecture, recueil E. Primaire, C. M.). — Quelle est dans cette lecture le paragraphe qui exprime le mieux les idées de l'auteur ? Résumer ce paragraphe en une seule phrase prise dans le texte lui-même.

— Quels sont les deux choses essentielles que M. Bergeret reproche à son chien ?

III. Même texte. — Illustrer d'un exemple chacune des phrases du paragraphe : « Les oreilles velues entendent... devant une idée juste. »

EXEMPLE :

| Tes oreilles velues entendent non celui qui parle le mieux, mais celui qui crie le plus fort. etc. | Riquet « aboie au menuisier Roupart qui a des pensées admirables », il fuirait et se tairait devant un cambrioleur armé d'une trique. etc. |

IV. Texte : *La Laitière et le Pot au lait.* [Pourquoi Perrette prétend-elle arriver sans encombre à la ville ? Pourquoi veut-elle aussitôt dépenser le prix de son lait ? Pourquoi achète-elle et revend-elle sans cesse ? Pourquoi saute-t-elle ? Pourquoi est-elle en grand danger d'être battue ? Conclusion, Perrette vit dans la lune.

V. Texte : *La Vanité de M. Jourdain* (Recueil E. Primaire, C. M.). — Quelle est la première parole qui explique le titre choisi ? A quels traits se révèle encore la vanité de M. Jourdain ? Quelle est donc la « marotte » de M. Jourdain ? Vous expliquez-vous qu'on ait eu de telles ambitions au temps de M. Jourdain ? Pensez-vous que M. Jourdain devienne jamais une vraie « personne de qualité » ? Pourquoi ? Expliquez maintenant pourquoi M. Jourdain nous fait rire ?

VI. Texte : *La Cigale et la Fourmi.* — Quand l'auteur dit : « C'est là son moindre défaut », dit-il ce qu'il pense ? — En quoi consiste l'ironie ? — Trouvez dans la même fable un autre exemple d'ironie. — Remplacez dans les deux passages la forme ironique par la vérité toute crue.

VII. Texte : *Le Mauvais fils* (Diderot, recueil Guéchot, C. M.). — Relisez lentement le premier paragraphe; arrêtez-vous après chacun des trois détails qu'il contient; voyez en imagination; écoutez votre cœur, que dit-il ?

(Les autres paragraphes se prêtent également au même exercice d'imagination et de sentiment.)

VIII. Texte : *L'Ecole buissonnière* (E. Mistral, recueil Mironneau, C. M.) — Les pensées et les sentiments de Frédéric apercevant les galopins de Maillane; — s'écriant : « Quel bonheur, mon Dieu ! » — écoutant son père lui dire : « Frédéric, s'il t'arrive encore... »; — voyant soudain apparaître son père.

Etc., etc.

§ III. — RÉCITATION

Apprendre un texte par cœur, ce doit être retenir pour la vie une leçon de langue et une leçon « d'Humanité ».

Une leçon d'Humanité. — Pécaut songeait à la ressource, aux heures graves de la vie, des textes pleins d'une haute réalité morale. Il espérait aussi que ces textes sauveraient peut-être tant de pensées qui tombent en léthargie sous la monotonie abrutissante de l'occupation mécanique : c'est le scieur de granit, c'est le broyeur d'ardoise, c'est le tisserand, c'est l'homme-machine qui, automatiquement, répète des fois et des fois le même geste du matin jusqu'au soir. Qui pourra sauver l'intelligence du suicide, qui sera jamais assez vivante, assez évocatrice, assez rayonnante de pensée pour survivre au geste meurtrier, sinon la poésie que nous aurons faite cœur, esprit, et qui s'élèvera dans la solitude de l'âme pour l'entretenir?

Une leçon de langue. — Du simple point de vue, connaissance de la langue, les morceaux sus par cœur sont d'abord la meilleure provision, d'une part, de mots pleins, d'autre part, de rapports exacts entre les objets et les épithètes, les caractères et les actions, entre les idées et les exemples ou les comparaisons qui les rendent sensibles. Puis les expressions et les tournures passent dans la langue de l'élève : elles pénètrent de ci, de là, dans la pensée et la parole de tous les jours ; elles inspirent des imitations, des analogies ; elles reviennent même, en alertes rappels, dans leur pureté originelle, lorsque l'enfant veut mieux se dire dans sa composition française ou veut se tenir une clarté dans tel passage d'un nouveau texte. Enfin, l'imagination se remplit de personnages, d'actions, de discours, de sentiments qui viennent d'eux-mêmes, prévenant tout désir, au secours de la pensée : tantôt, de leur exemple précis, ils mettent une lumière dans le trouble de l'idée, tantôt, de leur vérité générale, ils donnent un sens à l'exemple qui passe.

Il faut donc ne confier à la mémoire que les meilleurs de nos meilleurs textes de lectures, il faut ne les lui donner que limpides de sens et rigoureusement exacts de texte ; il faut enfin pratiquer de nombreuses révisions (elles n'oublieront pas les textes des cours précédents).

Procédé. — Recommandons aux cours moyen et supérieur le procédé de M. Legouvé : « Quand l'élève a une leçon à apprendre, que fait-il en général ? Il se met à marmotter à voix basse, ou à haute voix, chaque mot vingt fois de suite, mécaniquement, machinalement, jusqu'à ce qu'il se soit enfoncé la page, ligne à ligne, dans la cervelle, à peu près comme on enfonce un clou dans le bois, à force de frapper dessus avec le marteau. Eh bien! je propose aux meilleurs élèves des écoles primaires un pari que j'ai bien souvent gagné. Leur mémoire est toute fraîche, toute souple, toute nouvelle, tandis que la mienne me sert depuis bien longtemps et, comme telle, commence fort à s'user. Je leur offre pourtant de choisir, eux et moi, une page quelconque, et je gage que je la saurai deux fois plus vite qu'eux. Pourquoi ? Parce que j'y appliquerai les règles de la lecture, c'est-à-dire que j'apprendrai ce morceau en le lisant correctement, méthodiquement, selon les lois de la ponctuation, et en suivant le mouvement de la phrase. Lue de cette façon, cette phrase s'imprimera plus promptement dans ma mémoire, parce qu'elle se dessinera plus nettement dans mon esprit.

§ IV. — COMPOSITION FRANÇAISE

A. — RÔLE DU DESSIN

En première année du cours élémentaire, le dessin servait souvent de sommaire, de plan et de brouillon ; en seconde année, il n'a plus cette prétention, mais toujours, avant d'écrire, l'enfant esquisse d'abord, sur le vif ou de souvenir, tel paragraphe de son devoir ou même, successivement tous les paragraphes. Le maître est très indulgent pour ces croquis ; il prise beaucoup plus ce que l'écolier a voulu dire que ce qu'il dit.

Aux cours moyen et supérieur des essais commencent à se distinguer : le maître constate, avec surprise, que le « système du barbouillage » conduit l'un, l'autre encore, vers des illustrations assez parlantes pour que le sourire du lecteur s'accompagne de regards intéressés, attentifs à deviner le détail du crayon. Si beaucoup restent encore de grossières ébauches — peut-être bien ne faut-il accuser que le « trop tard » de l'enseignement —, du moins la plus grossière a-t-elle son intention, son originalité, sa miette de réussi. Ne demandons pas davantage. Il s'agit beaucoup moins d'obtenir de jolies vignettes que « d'exercer l'imagination, d'aiguiser l'esprit, de provoquer la verve (1) ». Serait-il candide d'ajouter que, si la page de composition française veut profiter de ce « feu de l'esprit », les croquis doivent la précéder, et non la suivre ?

Voici comment nous procéderions. Le nouveau « sujet » serait dicté de préférence la veille du dimanche ou du jeudi ; l'enfant aurait ainsi le temps de réfléchir, d'observer et de dessiner. Nous lui aurions expliqué, mainte et mainte fois, ce qui fait le *caractère* de l'objet à dessiner. Du soufflet à l'étameur qui le tire, il s'efforcerait de saisir les seules lignes essentielles, distinctives, celles qui font le *portrait* et lui suffisent. Ce sont des croquis enlevés en quelques minutes qu'il nous faut, et non de laborieuses compositions léchées et reléchées de mille menus coups de crayon. Demandons plutôt la joie de la couleur, pastel, aquarelle, au goût de l'enfant. — Où les fera-t-il, ces croquis ? direc-

---

(1) Instructions ministérielles relatives au nouvel enseignement du dessin.

tement au cahier! Vous tremblez, n'est-ce pas, que le cahier ne s'oublie dans la basse-cour sous le bec des poules, dans la cuisine près du poêlon où crépitent les frites? Rassurez-vous, notre écolier dessinerait sur de petites feuilles volantes qui viendraient se coller, lorsque se recopie le brouillon, soit dans la grande marge du cahier, soit même entre les paragraphes.

Il est bon d'examiner les illustrations avec les enfants; c'est une partie de la correction aussi importante, aussi intéressante que celle des devoirs proprement dits; du point de vue des idées, vous verrez combien d'observations, de réflexions ont été faites ou remuées par les auteurs; du point de vue du dessin, combien de naïveté, d'inexpérience obscurcit leur regard. « Pour corriger l'élève, se pénétrer de ce qu'il a rêvé de faire, plutôt que de marquer l'imperfection de ce qu'il a fait. La meilleure critique n'est pas celle qui démolit, mais celle qui utilise, amende et complète (1). » Nous ne serions impitoyables que pour les paresses qui préfèrent le mensonge de serviles copies à l'effort personnel.

B. — *LES EXERCICES DE COMPOSITION FRANÇAISE*

1. — Devoirs en dehors de la classe de français

Les comptes-rendus personnels, les questions — surtout celles d'intelligence et de réflexion — qui peuvent suivre les diverses leçons de la journée, la rédaction des solutions et des petites démonstrations arithmétiques sont autant d'exercices de composition française : c'est prévenir les maîtres que le « fond » ne doit point leur fermer les yeux sur la « forme ».

2. — Exercices intimement liés au texte de lecture expliquée

a) *Mettre de la poésie en prose?*

Si le texte est su par cœur, l'exercice devient des plus pénibles; car la pensée retombe opiniâtrement dans sa forme toute prête. Si le texte est neuf à la mémoire, le mettre en prose ne sera jamais, pour un enfant, « dégager l'idée et la traduire sous une forme nouvelle, mais simplement supprimer la rime, briser le rythme, gâter l'expression; on ne voit pas bien ce qu'il peut y gagner (2). » Vous le tanceriez vertement, s'il barbouillait une des gravures de la classe et, par une étrange contradiction, vous lui faites salir et déchirer un chef-d'œuvre poétique!

b) *Raconter une lecture.*

Exemples : I) Après avoir recommandé aux élèves de voir en imagination, le maître demande qu'on raconte le récit. Ce devoir accompagne bien, de temps en temps, la lecture récréative du samedi ou du mercredi.

II) D'autres fois, il s'agit de raconter la lecture expliquée. Mais,

---

(1) Mêmes instructions.
(2) M. Benoist.

ici, si l'on ne veut retomber dans le sacrilège de tout à l'heure, il faut reposer le devoir sur un sommaire tel que la lecture n'apparaisse plus qu'en souvenir général pour les circonstances, mais revienne en expressions littérales pour les paroles essentielles :

Texte *le Corbeau et le Renard*. — Le renard rentre au terrier avec un fromage. Dessert pris, les renardeaux interrogent leur père. Le renard raconte son exploit : une odeur... ; il guette. . ; tiens !... ; comment lui faire ouvrir le bec ?... une idée !... (citer les vers qui expriment sa ruse). Ma grosse bête... Patte sur le fromage... ; moquerie (citer la fable). Conseil aux renardeaux.

c) *Voir le devoir nouveau à travers le texte de lecture.*

Exemples : I) Vous irez demain vous asseoir sous un arbre en fleurs et vous lirez *le Tilleul* (Recueil Quéchot, C. M.). — A chaque détail du texte, vous vous direz : « Et mon arbre ? ». — Vous fermerez ensuite le livre et vous décrirez « votre arbre »

II) Relire *Un Tailleur de pierres* (Lamartine, id.) et, à chaque détail donné, apercevoir le mendiant qui vient habituellement à votre porte.

III) Demain, avant de vous lever, vous relirez « Comment un aveugle remplaçait le sens de la vue » (id.), puis vous fermerez les yeux ; vous écouterez ce que vous disent sur la maison, sur la rue, la ville ou le village tous les bruits proches ou lointains que vous entendrez ; vous noterez brièvement, et, quand votre provision sera faite, vous ferez le devoir sous ce titre : « Ce que j'entends de mon lit, le matin. »

IV) Relisez le texte *Comment un écolier peut voir en idée* (Malot, id.). — Puis, prenez la fable de Fénelon, *le Loup et le jeune Mouton*, et continuez à voir ce que dit l'auteur. Écrivez ce que vous voyez.

V) Relisez la fable *le Renard et le Bouc* en songeant à deux écoliers qui vont en maraude. Chaque fois que le texte ne s'accordera pas avec le thème nouveau, vous verrez en idée vos deux personnages ; chaque fois qu'il ne sera plus de circonstance, vous inventerez. Quand vous serez satisfait, vous fermerez le livre et vous raconterez la nouvelle histoire. (Remarque : il faut que ce soit facile de sauter dans le verger, difficile d'en sortir, deux à la fois.

VI) Consultation de plusieurs textes. Supposons que l'hiver sévisse. Le maître lit en classe ou demande qu'on lise à la maison : *L'Automne*, G. Droz ; *Au coin du feu*, Lamartine ; *Poésie de l'hiver*, A. Karr ; *L'hiver*, A. de Vigny ; *Au coin du feu*, G. Sand ; *La Campagne en hiver*, C. Hugues ; *Nuit d'hiver*, Guy de Maupassant. — Puis, goûts consultés, il répartit entre les enfants ces trois sujets : au coin du feu — retour dans la neige — promenade au bois en hiver. Il les invite à choisir dans leur provision de lecture les traits qui conviennent à leur sujet spécial ; il leur recommande de toujours reporter ces traits dans le cadre réel.

d) *Devoirs où le texte même de la lecture sert de matière.*

Exemples : I) Texte *le Renard et le Bouc*. — Expliquer comment, de bout en bout, le bouc est imprévoyant.

— 61 —

II) Texte *Inventaire des poches de Gulliver* (recueil Guéchot, C. M.). — Comment les sens ont-ils renseigné les ministres de Lilliput sur la montre de Gulliver ? Quelle chose, chaque fois, n'ont-ils pu deviner ? Comment ont-ils raisonné pour conclure : la montre est une divinité ?

III) Texte *le Loup et l'Agneau*. — Examinez successivement les prétendus griefs du loup contre l'agneau. Que dit à chaque fois la raison du plus juste ?

IV) Texte *l'Hirondelle et les petits oiseaux*. — Relisez la fable pour nous dire ce que l'hirondelle avait appris.

V) Texte *le Loup et le Chien*. — Trouver les vers qui expriment les successifs sentiments du loup dans cette fable ; expliquer pourquoi il éprouve ces sentiments.

VI) Texte *Le Lièvre et les Grenouilles*. — Montrer comment la journée du lièvre n'est qu'une suite d'alarmes.

VII) Texte *Les Animaux malades de la Peste*.
1° Montrer comment chacune des expressions soulignées atténue en peccadille le péché de l'âne.

> L'âne vint à son tour, et dit : J'ai *souvenance*
> Qu'en *un pré de moines passant*,
> La *faim*, *l'occasion*, *l'herbe tendre*, et, je pense,
> *Quelque diable* aussi me poussant,
> Je *tondis* de ce pré *la largeur de ma langue*.
> Je *n'en avais nul droit*, puisqu'il faut parler net.

2° La division plus âgée pourra, tout au contraire, partir de ces mêmes expressions pour composer la harangue du loup et conclure « au crime abominable ».

3. — Exercices qui reprennent d'un degré plus élevé, les types du cours élémentaire

Les exercices sont exactement du même genre, mais la gravure remplace volontiers l'image, le maître se montre plus difficile, et surtout plus d'initiative revient à l'élève.

L'image, au sens que nous lui donnons ici, est une composition spécialement dessinée pour les écoliers. Comme nous l'avons dit au cours préparatoire, elle dégage les traits essentiels, elle les choisit dans leur présentation la plus suggestive et dans l'ordre le plus clair, elle accommode la réalité à la faiblesse des enfants et leur prépare le travail de l'analyse. Nous entendons par gravure la reproduction d'un chef-d'œuvre de peinture (de sculpture parfois) accessible évidemment à notre cours, mais non sans efforts d'imagination et de réflexion, par exemples *les Glaneuses* de Millet, *le Rêve* de Detaille, *le Maître d'école* de Van Ostade, etc., etc. (Il ne s'agit encore que de description ; la narration sur image unique ou sur gravure unique ne sera examinée qu'au chapitre suivant).

Le maître se montre plus exigeant, non seulement pour la forme — orthographe, syntaxe, tour de phrase —, le nombre et

---

(1) *Le Livre de mon ami*, A. France.

l'ordre des idées, l'unité du paragraphe, mais encore pour cette réfraction subjective de la réalité qui donne véritablement aux devoirs ce qu'on pourrait appeler, si le mot ne détonnait pas trop en ces humbles commencements, le caractère littéraire. Il ne s'agit pas seulement de dire avec Fontanet : « Tu vois, il y a une charnière, cela s'ouvre. Il y a une vis, cela se démonte. » ; il faut encore se laisser prendre aux souvenirs qui surgissent, aux comparaisons qui s'éveillent, voir quelquefois que c'est beau et quelquefois entendre ce qui remue du côté du cœur. C'est bien délicat, car ce tour de l'esprit ne s'enseigne guère et surtout ne se commande pas. Le meilleur sera de donner l'exemple et de commenter avec plaisir, avec délicatesse, les rencontres des compositions. Chaque fois que l'enfant aura su mettre « l'objet » dans une minute de sa vie, dans une image naïve et bonne, dans un sentiment plus senti que dit, donnez lui l'éloge qu'il mérite et montrez à ses camarades comment il a fait et combien vous êtes heureux.

Plus d'initiative revient à l'élève. Nous avons vu, au chapitre des exercices d'analyse-synthèse, comment on pouvait tirer d'un texte, nourrir d'autres textes les « formules pour le maître » du cours élémentaire. Souvent, maintenant, nous mettrons l'enfant en tête-à-tête avec un simple titre et nous le laisserons se tirer d'affaire sans canevas inspirateur : « Tu connais, lui dirons-nous, la règle du bon sens. Essaie de l'appliquer. » C'est au moment du compte-rendu des essais que, seulement, nous reprendrons la parole et que, laissant aller les uns, poussant les autres, nous verrons comment il fallait s'y prendre. La leçon pourra s'inscrire au cahier des catégories et servir ainsi de guide pour d'autres études.

EXEMPLE DE LEÇON DE COMPOSITION FRANÇAISE TRANSCRITE AU CAHIER DES CATÉGORIES

Objet en action : *L'Horloge de la classe*

Règles à observer :

I) Décrire le personnage (ici l'horloge) en vue de son aptitude à l'action ; décrire l'objet « agi », s'il y en a un (ici toutes les parties qui remuent) ; décrire les mouvements successifs de l'action. Conclusion : réflexions qu'inspire l'action observée (personnage, action elle-même).

II) Pour décrire le personnage-objet, la règle est : se demander quel est l'essentiel par la double question quand est-il bon, mauvais ? — Voir les accessoires que nécessite cet essentiel, leur rôle par rapport à l'essentiel. — Se renseigner dans les deux cas par les sens, par l'intelligence (le pourquoi et le comment) par le sentiment (plaisir, douleur, de qui ?), par les souvenirs.

Application :

a) RECHERCHE DES PARAGRAPHES

Essentiel. — Une horloge est bonne quand elle marque bien l'heure et la sonne bien : l'essentiel est donc le mécanisme qui fait bien marquer l'heure et bien sonner ; ce mécanisme se compose des poids et du pendule qui sont visibles, de rouages et de ressorts invisibles. Il faudra donc un paragraphe pour les *poids*, un autre pour le *pendule*.

Accessoires. — Pour marquer l'heure, il faut un *cadran et des aiguilles*, pour la sonner, un *timbre*; pour mettre le tout à l'abri de la poussière et des heures, *une boîte* : encore trois paragraphes.

Actions. — Les poids descendent, on les remonte (chaînettes) ;
le pendule va, vient, fait tic-tac, peut s'arrêter ;
les deux aiguilles tournent, mais non du même pas ;
le timbre sonne deux fois et vibre après chacune ;
le couvercle de la boîte peut s'ouvrir et se fermer.
(Ces actions devront entrer dans les paragraphes précédents qui leur correspondent).

Réflexions. — L'horloge elle-même : vieillesse, conséquences ; ses conseils : prix du travail, de la patience, de l'ordre ; ses reproches. — Ces réflexions formeront le dernier paragraphe.

b) Ordre des paragraphes

Le regard rencontre d'abord la *boîte* (1), puis le *cadran et les aiguilles* (2) ; la vue de l'heure fait songer à la *sonnerie* (3) ; pour comprendre celle-ci, on ouvre le couvercle de la boîte et on voit les *poids et les chaînettes* (4), le *pendule* (5); restent les *réflexions* (6).

c) Plan détaillé

(Se bien renseigner par les sens, l'intelligence, le sentiment, les souvenirs, les comparaisons).

1er *paragraphe, la boîte de l'horloge :*

- *situation :* dans le coin, pourquoi ? *forme :* monte du plancher au plafond, pas belle, un cercueil debout ; *couleur :* sapin bruni, écailles qui tombent, un jet d'encrier au bas ; *couvercle :* s'ouvre comment ? rôle : poussière, heurts, de qui ? *ouvertures :* vitrées ; celles du bas, petite, ronde, on y voit passer et repasser le pendule ; utilité ? celle du haut, grande, cintrée, utilité ?

2e *paragraphe, le cadran et les aiguilles :*

- *décoration du fronton :* laiton étampé ; Rebecca donne à boire au serviteur d'Abraham ; je le regarde surtout quand je suis aux arrêts ;
- *cadran :* blanc jauni ; gros chiffres arabes, le 6 effacé ; trou du milieu d'où sortent, comme deux pattes d'araignée, les deux aiguilles noires, laides ;
- *aiguilles :* cœur au milieu de chacune ; la *petite :* elle se cache pour changer de place, car. . ; la *grande*, il semble qu'on la voit bouger par petites saccades espacées. Quand tourne-t-elle vite ? Quand est-ce lentement ?

3e *paragraphe, la sonnerie :*

- *ça va sonner :* pourquoi ? quoi ? attention : petit bruit d'avertissement ; *ça sonne :* lentement, clair, deux coups pour chaque heure ; le maître prétend qu'elle dit : « tra - vaille; tra - vaille »; le son *vibre* encore, s'éteint.

4ᵉ *paragraphe, poids et chaînettes :*

    avant que sonne la répétition, *ouvrons le couvercle* pour comprendre comment tout cela peut marcher.
  voir : poussière, araignée qui fuit ;
      quatre chaînettes de *cuivre jaune*, poids de fonte (*cônes de sapin*) ;
  entendre : ça re‑sonne ; *voir :* un poids descend, une chaînette monte.

Le maître remonte les deux poids (crissement des chaînettes ; tintinnabulement des poids contre les chaînettes) ;
Il explique que les poids tirent sur les chaînettes, font tourner des roues qui commandent la marche des aiguilles et la sonnerie ; ces roues iraient trop vite ; le pendule les arrête deux fois par tic‑tac.

5ᵉ *paragraphe, le pendule :*

    le voilà ce gros curieux qui vient toujours voir et revoir à la lucarne ce que nous faisons ;
    gros disque de laiton ; peut monter, descendre, pourquoi ?
    cheval sur le pendule, il galope en avant même quand le pendule recule ;
    pendule arrêté, horloge morte ; le coup de doigt ;
    refermons le couvercle ; on n'entend plus que le ti‑que‑tac boiteux, mais régulier dans la boiserie.

6ᵉ *paragraphe, réflexions :*

  1) Que vaut l'horloge ? — L'horloge est vieille : essoufflée, ti‑que‑tac ; elle avance ; alors ?... le maître l'arrête ; elle sommeille un instant, tout semble mort dans la classe silencieuse ; et puis, en route. Encore robuste, médecin une fois par an seulement.

  2) Ses paroles ? — Rappeler que le maître prétend qu'elle sonne : tra‑vaille, tra‑vaille. Elle a une autre voix, le ti‑que‑tac boiteux qui dit dans son parler à trois syllabes bien des choses, parmi lesquelles on distingue, prétend encore le maître : pa‑tien‑ce, pa‑tien‑ce ; sans‑ar‑rêt, sans‑ar‑rêt ; de‑l'or‑dre, de‑l'or‑dre — C'est bien possible, parfois j'entends autre chose. Lorsque je suis en retenue, la sonnerie de quatre heures dit quatre fois : « bien‑fait, bien‑fait... » et le tic‑que‑tac boîte jusqu'au « Va‑t'en ! » final de la demie, des « po‑lis‑son », à n'en plus finir.

4. — Nouveaux types de composition française

NARRATION

Le premier essai de narration terminait les types de composition française du cours élémentaire. Il consistait dans la lecture et la liaison d'images formant un récit sans paroles.

a) La formule générale du plan

Nous sortirons sa première ébauche du texte que nous avons expliqué, de la fable *le Renard et le Bouc*. Nous verrions bien facilement que les paragraphes précédemment distingués peuvent recevoir ces titres généraux :

§ 1. Les personnages ; § 2 et 3. Leurs actions ; § 4. Les résultats. — Conclusion.

Nos lectures suivantes nourriraient de leur matière soit telle partie du plan, soit le plan tout entier (voir aux exercices d'analyse-synthèse), et, finalement, nous pourrions condenser nos souvenirs et nos réflexions dans ce modèle (1) transcrit au cahier des catégories :

1° Les personnages ; traits essentiels de
- leur extérieur : couleurs, formes, position, distance, mouvements
- leur caractère : qualités, défauts

Remarque. — On ne retient que les détails qui contribuent à expliquer ce qu'on va dire ensuite.

2° L'action
- Pourquoi l'a-t-on faite ?
- Comment l'a-t-on faite : Voir les mouvements dans l'ordre où ils se succèdent. Écouter. Sentir. etc.

3° Les suites de l'action
- Sentiments exprimés par les autres personnages (ne pas oublier l'auteur).
- Expression de ces sentiments par la parole, les mouvements du visage ou les gestes.
- Énumération des conséquences dans l'ordre où elles se produisent.

4° Que faut-il penser
- des personnages,
- de l'action.

b) Les variantes du devoir

Avant d'arriver à ce moment où l'élève doit travailler sur le thème, l'image ou la gravure, avec le seul guide de la formule générale, il y a bien des transitions à parcourir. Les canevas inspirateurs, puis seulement les renseignements et les conseils accompagneront longtemps le jeune apprenti.

I. *Narration sur image unique ou sur gravure unique.*

Exemple de canevas inspirateur :

Image n° 10 de la collection Ed. Petit, *la Morale par l'exemple*
Titre : *Gentillesse d'enfant*

Les personnages
- Du bout de la route (voyez cette route) arrive nin-caha, la vieille... (regardez-la). Elle va...
- De l'autre côté, vient guilleret (voyez-le) le petit... Il va...

---

(1) Extrait du *Deuxième livre de lecture expliquée*, de M. Guéchot.

Les actions	Voyez la rencontre. La bonne vieille laisse tomber sa canne (voyez). Regardez maintenant le petit garçon. Voyez-le rendre la canne ; entendez-le. Voyez la bonne vieille recevoir la canne ; entendez-la. On se quitte.
Les suites de l'action	Voyez les deux contrastes qui s'éloignent. Ce que sent la vieille femme. Ce que sent l'écolier.
Que faut-il penser ?	Que sentez et que pensez-vous ?

Exemple de devoir avec renseignements et conseils :

Gravure *le Mauvais Fils*, de Greuze

Le fils *aîné* s'est enrôlé ; il vient avec un vieux soldat demander de l'argent avant de partir. — Il faut que le père de famille soit indigné ; chercher ce qui peut l'indigner ; il faut que le fils redouble cette indignation par sr... attitude (étudier celle-ci) ; voir comment, des personnages, les u.s retiennent le père, le fils, les autres sont stupéfaits (un frère), honteux (le vieux soldat).

Exemple de devoir en toute initiative :

Gravure *le Retour du Mauvais Fils*, de Greuze

Remarque. — Le maître choisira de préférence pour ces exercices les gravures qui présenteront l'une ou l'autre de ces heureuses harmonies : l'écrivain a décrit le chef-d'œuvre de l'artiste ou bien l'artiste a traduit la belle page de l'écrivain. « Quand chaque enfant se sera exercé à rendre, tant bien que mal, sa vision nécessairement très incomplète, quelle impression d'art et quelle leçon d'exactitude lui seront apportées par la citation même d'un texte de Flaubert ou de Diderot ! » MM. Weil et Chemin, *Revue Pédagogique*.

II. *Mettre en narration un incident vécu.*

Voici la meilleure mine des essais en toute initiative. La classe entière est informée : les uns furent mêlés à l'incident ou le virent en témoins, les autres sont renseignés dans le plus grand détail par ce : « Tu ne sais pas ? » qui, les jours de congé, vole de bouche en oreille, et, les jours de classe, forme dès la rue et par la cour ces groupes de moineaux pépiants et riants. Les matins de grande nouvelle, surtout, il faut les voir se héler, se disperser d'une bande à l'autre, s'ébattre autour de l'arrivant qui, le pauvre, ne sait pas encore. — Le maître peut donner le devoir, la matière est à pied d'œuvre. Il craindra seulement soit de couvrir un enfant de trop de confusion, soit, retour inattendu, de l'enorgueillir d'une frasque et même d'une mauvaise action. Dans ces cas-là, il vaut bien mieux ne pas servir l'incident « tout chaud », mais le noter, pour le retrouver plus tard, quand le temps aura tout adouci. Ce qu'il ne faut jamais remettre, ce sont les choses qui passent sous les yeux de la classe toute spectatrice et rien que spectatrice. Les thèmes de ce genre sont moins rares qu'on ne le penserait : le hasard n'aime-t-il pas à passer devant ceux qui savent ouvrir les yeux ?

Voici deux exemples pris au carnet d'un maître :

1) Deux vauriens, dix-huit, dix-neuf ans, en rupture de travail, sont entrés par une planche jetée sur le ruisseau dans le jardin du voisin et saccagent le noisetier. Le voisin revient des champs, aperçoit les maraudeurs, ne dit rien, mais retire la planche et va lâcher son chien. Bain de pieds copieux sous les huées des écoliers.

2) Il y a un nid de mésanges dans le creux du prunier. — Les enfants regardent les allées et venues des parents. Emoi de ceux-ci. — Le chat est tapi sous un groseillier. Une motte de terre lancée à propos le fait déguerpir.

III. *Inviter l'enfant à chercher dans son propre passé une aventure d'ordre donné.*

Exercice délicat, difficile. « Les impressions de l'enfant sont vives, mais fugitives ; il ne les groupe ni les retient ; et, quand on lui demande de les reproduire, ou il ne trouve rien, ou il invente. » (M. Benoist).

Exemples : un mensonge — une désobéissance — une surprise — un chagrin — une joie.

IV. *Narration sur thème donné.*

Nos ressources se composent : 1° de ces occasions vécues notées au jour le jour et dont nous avons parlé au § II ; 2° de thèmes choisis dans les fables que les élèves n'auront pas encore étudiées ; 3° d'épisodes cueillis dans nos lectures personnelles.

Exemples :

(1°) Le colporteur installe ses images d'Épinal à la porte de l'école. Avant le retour des écoliers, il s'absente un instant. Un petit curieux, pressé de voir les images sans bourse délier, ôte les cailloux qui tiennent les feuilles ouvertes. Il a compté sans le vent et n'a pas assez de jambes. Retour du colporteur et suites de l'aventure.

(2°) *Le Lion et le Rat.*

M. Guéchot nous donne tout à la fois l'exemple et l'application de la formule narrative :

« Un rat sortit de terre entre les pattes d'un lion qui lui fit grâce. Quelque temps après, le lion fut pris à la sortie d'une forêt dans un filet dont il ne put se défaire. Le rat rongea une maille et tout se défit. »

« Paul se dit : « Je vais d'abord faire connaître les *personnages* ; pour cela, je vais essayer de les voir en moi-même ». Et il écrivit :

« Premier personnage : *le lion*. Je vois sa forme : il est énorme ; je vois sa position : il est couché, les pattes allongées ; il ne fait aucun mouvement. — Deuxième personnage : *le rat*. Je vois sa forme : il est petit ; je vois son mouvement : il sort brusquement d'un trou ; je vois sa position : il se trouve entre les pattes du lion.

Passons aux *actions* des personnages. Je vois l'œil du lion se fixer sur le rat et le rat se faire tout petit. J'entends leur discours : « N'aie pas peur ; tu peux continuer ton chemin. — Merci. » — Je vois le rat rentrer dans son trou et le lion s'en aller.

Quelles furent à quelque temps de là les *conséquences* de l'action du lion ? Je vois le gros lion s'avancer vers la sortie de la forêt, s'empêtrer dans un filet tendu entre les arbres, se démener furieusement. Je l'entends rugir...; le filet s'agite, il ne se défait pas. Je vois le petit rat sortir de son trou, courir au filet, mordiller longtemps...... : brusquement tout se défait.

Que penser de tout cela ? Avec de la patience et du temps on obtient un meilleur résultat qu'avec de la force et de la rage. »

(3°) Un petit garçon se relève la nuit pour manger des choux à la crème serrés dans le buffet. Sa chemise se prend dans le volet qu'il referme. Il se croit retenu par une main invisible ; cris éperdus. Toute la maison assiste à la confusion du gourmand (Poum, p. 165-170).

Remarques. — I. Les maîtres ont vu, dans les types 2° et 3°, la ressource, pour la correction, des textes mêmes de La Fontaine et des Margueritte.

II. Montrons, par un exemple, qu'au cours moyen comme au cours élémentaire, l'aspect connaissances et l'aspect imagination peuvent fort bien se succéder et même s'entremêler dans le devoir :

LA PLAQUE DE BICYCLETTE

Le grand frère possède enfin une bicyclette. — L'impôt sur les bicyclettes. — J'irai, demain, acheter une plaque. — Le lendemain, dimanche, la recette buraliste est fermée. — Il fait si beau !... Bah ! pour une fois..... Les gendarmes. — Procès-verbal. — L'amende. — Conclusion.

III. « J'avoue que la narration sur la mort et l'enterrement d'un petit chat n'est guère de mon goût; il me paraît inutile que, sous le couvert d'une fausse sensiblerie, on habitue les enfants à jouer avec des idées aussi sérieuses que celles de la mort...

« Quand on essaie de s'adresser à la sensibilité, on doit prendre bien garde de passer la mesure et de tomber dans une sensiblerie ridicule. Que pensez-vous de ce sujet traité dans plusieurs lycées et collèges : Petit Jean, n'ayant pas d'argent à donner à un pauvre, lui rattache les cordons de ses souliers ? L'intention est excellente, sans doute, mais la fausseté de l'idée saute aux yeux. La pitié, le respect de la pauvreté sont des sentiments sacrés : raison de plus pour s'abstenir de ce qui en est la parodie. » (M. Benoist).

DÉVELOPPEMENT D'UN THÈME GÉNÉRAL

I. *Le proverbe.*

Le proverbe exprime « la sagesse des nations » sous une forme métaphorique.

Il faut que l'enfant vérifie d'abord, en imagination, l'exemple même qui sert de titre pittoresque à tous les faits qu'embrasse le proverbe. « Les petits ruisseaux font les grandes rivières », dit celui-ci. Voyons attentivement les ruisselets converger l'un vers l'autre et se grossir l'un de l'autre jusqu'à devenir grande rivière.

Une clarté commence à poindre. Avant de l'exprimer, avant de l'affirmer exacte, cherchons des ressemblances dans le monde physique : l'analogie les attire autant que l'encore obscur sentiment de l'idée générale les accueille.

Les petits brins d'herbe font l'immense prairie ;
Les petits grains font l'énorme sac de blé.

Première conclusion : Beaucoup de petits riens s'additionnent en gros total ; voilà *le sens propre du proverbe.*

Cherchons maintenant des analogies dans le monde de l'activité humaine.

Les petits coups répétés des faucheurs ont abattu la grande prairie de tout à l'heure ;
Les petits sous de l'enfant économe ont rempli la grosse tire-lire ;
Les petits efforts répétés de l'écolier lui ont appris à lire.

Conclusion finale : beaucoup de petits efforts s'additionnent en gros résultats ; voilà *le sens figuré du proverbe.*

II. *Maxime tirée d'un récit.*

Il s'agit cette fois d'une règle de conduite aperçue le plus souvent à travers une fable.

Donnons encore, du même coup, l'exemple et le procédé.

Tout flatteur vit aux dépens de celui qui l'écoute.

a) Résumer en une phrase *le Corbeau et le Renard ;*

b) analogies :
    1. — Souvenirs de lectures : *la Herse* (Franklin) ; *l'Admirateur de Gil Blas* (Lesage) ;
    2. — Choses vues : le malin qui veut croquer la pomme du condisciple vaniteux ; sur la foire, le marchand de colifichets et la cliente vaniteuse ;

c) thème général :
    le flatteur, par une feinte admiration, détourne l'attention du flatté sur ce qui fait plaisir à ce dernier ; le flatté, aveuglé par l'encens, ne voit pas ce que veut obtenir le flatteur ;

d) appréciation :
    le flatteur est intelligent, mais menteur et fripon ;
    le vaniteux est confiant parce qu'il est sot.

e) conclusion :
    une parole de prudence.

III. *Développement d'une idée morale ou sociale.*

EXEMPLES DE DEVOIRS :

1. — Le respect dû au travail de l'homme.

Le champ de blé est rempli de belles fleurs : bluets et coquelicots. « La belle gerbe que l'on pourrait faire ! » Pourquoi restez-vous au bord du champ sans y pénétrer ? (Voir texte *Respect au Blé*, Michelet. Recueil Guéchot).

2. — Le courage des humbles métiers.

« Chaque travailleur a son courage à lui ». Le pêcheur, le moissonneur, le carrier, le bûcheron, le balayeur, le maçon, le mousse. Conclusion : alors, l'écolier ? (Voir texte de Jean Aicard).

3. — **Prix d'une qualité, ou danger d'un défaut.**

a) Montrez le prix de l'ordre pour un cultivateur : temps, instruments de travail, bestiaux, engrais, semences, récoltes, produits de la ferme. (Voir chaque fois des exemples réels).

b) Montrez ce que coûte la négligence à un cultivateur (même plan.

4. **Solidarité.** — Notre solidarité avec l'ivrogne. Plan détaillé.

Le personnage
: F. Petit, dit le Grand-Salé, est un homme de tous métiers (exemples : surtout maçon, mais aussi valet de ferme, cocher d'occasion, etc.) Un *mardi* matin, il passe devant l'école allant vaguement travailler (son portrait).

Dialogue entre l'ivrogne et l'instituteur
: 1. — L'ivrogne répond aux reproches (faire ceux-ci naturels, par ex. : tu n'as donc plus d'argent, mon pauvre Frédéric...) qu'il est *célibataire, sans parents* et qu'il ne fait de *mal à personne*.

  2. — Le maître lui montre par des exemples précis :
  a) qu'il a déjà failli faire beaucoup de mal les jours de « noce » ; — cheminée mal faite qui est tombée, vaches météorisées, enfant presque écrasé par sa voiture ;
  b) qu'il en fera certainement un jour ; — déjà sa mine, la maladie le guette, qui le soignera ? il devient méchant quand il est ivre et... comment finira-t-il ?

  3. — Réponse de l'ivrogne : C'est plus fort que moi !

Conclusion
: Hélas ! il est trop tard, en effet. Cet homme aurait pu rendre service à ses semblables, il leur est un danger, il leur sera bientôt une charge.

5. — Le sans gêne égoïste, l'effort de penser aux autres.

a) Un petit garçon a épluché une orange sur le perron de l'école ;

b) Une petite fille a laissé tomber son encrier sur le chemin ; elle y laisse les morceaux ;

c) Un charretier a calé les roues de sa voiture avec une grosse pierre ; il reprend la côte et laisse la pierre ;

d) Quelqu'un a jeté son chat crevé dans le ruisseau.

Appréciez ces menus faits. Que ferait chacun de ces personnages, s'il pensait aux autres en même temps qu'à lui-même ?

Règle. — Pour développer un proverbe, une maxime, une idée morale ou sociale, on cherche en soi et autour de soi quelques exemples caractéristiques du thème général, on les examine, puis on exprime les conclusions de cet examen.

LA LETTRE

Il ne peut être question de ces lettres ridicules qu'un moraliste en culotte adresse, par exemple, au grand frère attiré par le cabaret, au camarade irrespectueux des gouvernements maternel ou paternel, au réfractaire à la mutualité, au citoyen qui méconnaît le devoir de voter, etc., etc. ; — qu'un écolier idéal écrit aux condisciples absents pour leur raconter la leçon, l'expérience dont ils furent privés ; — qu'un apprenti congratulateur, empêtré dans les formules vides, copie vers la Saint-Sylvestre, à l'intention des donneurs d'étrennes, etc.

Nous ferons écrire des lettres très simples, d'usage très courant, descriptives ou narratives, d'amitié, d'affaires, toutes lettres que l'enfant doit écrire, parfois dès maintenant, soit pour lui-même, soit pour ses parents, et que certainement la vie lui demandera plus tard, si elle l'en dispense aujourd'hui.

Pratiquement, la composition française trouve ici sa principale application et nous ne saurions proposer trop de textes divers à notre classe. Il n'est pas besoin que tous les enfants traitent toujours tous le même sujet. Au contraire, il serait intelligent d'épargner à l'un, pour le réserver à l'autre, le thème qui vient de passer dans la vie du second, alors qu'il n'a point touché la vie du premier. Il importe, en effet, que, le plus possible, la lettre soit un développement personnel de détails vrais, vécus par celui qui tient la plume. Pourvu que les exemples choisis se maintiennent soit dans la lettre narrative, soit dans la lettre d'amitié, soit dans la lettre d'affaires, la leçon générale reste toujours aisée : la diversité des cas ne fait que la rendre plus intéressante et plus profitable.

Voyez d'ailleurs combien de lettres de grande personne peuvent être proposées à l'enfant :

il peut donner des nouvelles et en demander, décrire la ville, le pays où il arrive, l'atelier, le magasin où travaille son père, la maison où vient de s'installer la famille, l'école et la vie à l'école, etc., etc. ;

il peut raconter au frère, à la tante, à l'ami qui vivent ailleurs la noce qui vient d'avoir lieu, l'incendie qui vient d'éclater, l'accident qui est survenu, l'inondation qui vient de ravager le bas du village, la grève qui vient de sévir, le voyage qui vient d'être fait, etc., etc. ;

il peut, secrétaire de son papa, se plaindre ou faire compliment d'un fût de vin, en demander un autre de telle contenance et de tel prix, indiquer la gare d'arrivée, la date à laquelle on paiera ; de même, il peut commander des semences, des engrais, un instrument de culture, un meuble, un service de vaisselle ; il peut encore offrir des marchandises, retourner celles qui ne plaisent pas, demander une diminution de prix, en proposer une ; il peut enfin demander à faire partie d'une association, offrir ou donner sa démission, solliciter ou bien offrir un emploi, adresser une réclamation à quelque fonctionnaire ou lui demander un renseignement, etc., etc. ;

il peut, secrétaire de la famille, inviter à la fête, à la noce, à une partie de plaisir, accepter ou décliner pareilles invitations ;

écrire à son papa qui fait ses « vingt-trois jours »; souhaiter, de son cru, la bonne année à la grand'mère; féliciter le grand frère de ses premiers galons et lui envoyer dix francs, etc., etc.

Règles spéciales aux lettres.

Les lettres descriptives ou narratives n'ont pas d'autres règles que les narrations et les descriptions elles-mêmes.

Exemples à étudier : *Un printemps aux Rochers, les Etats de Bretagne* (M⁰ᵉ de Sévigné); *Mauvaise santé* (Mᵐᵉ de La Fayette à Mᵐᵉ de Sévigné); *le Madrigal, le Carrosse renversé* (Mᵐᵉ de Sévigné); *Aventure en Calabre, un Plébiscite* (P.-L. Courier), etc.

Exemples de sujets (Voir l'énumération de tout à l'heure).

La vraie lettre d'amitié, celle qui console ou vient s'offrir, ne peut être bonne que si l'amitié existe vraiment et si l'occasion réelle ou supposée que provoque la lettre émeut si sincèrement que c'est bien le cœur qui parle. Nous ne pouvons demander cette sorte de lettre à l'enfant : d'abord, à son âge, le chagrin ou l'élan trouvent plus facilement les larmes ou la caresse que les mots; puis, personne n'aime à dévêtir son cœur si loin devant la curiosité d'autrui. — Nous ferons simplement écrire la lettre d'amitié qui félicite et se réjouit — si le chagrin se replie sur lui-même, la joie aime à se laisser voir — ou bien cette bonne lettre que la vie demande tous les jours, qui mêle les souvenirs aux nouvelles, les joies aux larmes et montre l'amitié beaucoup plus par les choses qu'on se raconte, qu'on se rappelle, qu'on se confie, que par l'analyse des sentiments ou les protestations de tendresse. Et les règles? Il n'y en a point d'autres que de savoir choisir les choses qu'on dit parmi celles qui feront plaisir, de n'en dire qu'une seule à la fois et d'être gai. Mais lorsqu'un enfant pleure qu'il n'a rien à dire? C'est que vous n'avez pas su lui donner à faire sa lettre à lui ou bien qu'il n'a pas songé qu'on a toujours quelque chose à dire sur les joies, les ennuis, les souvenirs, les désirs, les aventures et les occupations de soi-même et des amis communs.

Textes à étudier : ouvrir n'importe quel « choix de lettres ».

Exemples de sujets :

1. Vous avez passé les vacances chez votre grand'mère. Il y a huit jours que vous êtes rentré en classe. Écrivez-lui.

2. Vous écrivez à votre camarade de vacances pour lui souhaiter sa fête; vous évoquez des souvenirs et formez des projets.

3. Envoyez à votre cousin, en souvenir d'un souhait exprimé devant vous, un sac de noisettes cueillies à la fin des vacances à travers les haies.

4. Faites les réponses aux deux dernières lettres.

Etc., etc,

La lettre d'affaires doit avoir la concision claire, mais suffisante d'un théorème; pas de transitions : une tranche d'arithmétique entre deux formules de politesse.

Textes à étudier : Voir lettres de Voltaire, de Mᵐᵉ de Maintenon.

Exemples de sujets (voir l'énumération de tout à l'heure).

Remarques : I. Un excellent exercice sera de faire traiter le même sujet sous forme de lettre d'affaires, puis sous forme de lettre narrative ou descriptive.

Exemples : lettre qui informe d'un incendie la compagnie d'assurances; lettre qui raconte le même évènement au grand-père;

lettre qui informe le propriétaire qu'un orage de grêle a ravagé la récolte; lettre qui raconte le même évènement au grand frère soldat;

lettre qui informe un notaire qu'on a visité la propriété à louer et qu'on accepterait de la louer sous condition de tels aménagements ou réparations; lettre qui raconte la visite à la grand'-mère.

Etc.

II. Il sera bon de consacrer des leçons spéciales aux formules qui doivent encadrer toute lettre — tant de personnes ne savent jamais ni comment s'adresser, ni comment terminer, — au format et à la disposition matérielle, à la rédaction de la suscription. Souvent même la lettre devrait s'écrire sur le papier de la réalité et se glisser dans l'enveloppe.

AUTRES APPLICATIONS DE LA COMPOSITION FRANÇAISE

La vie, avec ses surprises, demandera sans doute à la plume de notre écolier bien d'autres efforts que celui d'une lettre. Mais, il convient, en préparant ces efforts dès l'école, de songer que si l'enfant doit apprendre élève ce qu'il devra savoir étant homme, il est cependant des choses qu'il ne peut faire dès aujourd'hui, tout bonnement parce qu'il n'est pas un homme. Il serait ridicule de faire rédiger au gamin de douze et seize ans : une profession de foi, des remerciements aux électeurs, une lettre exposant au patron les revendications des ouvriers, un appel à la grève, un procès-verbal de conciliation, les statuts d'une coopérative, le prospectus d'une banque, et même une pétition contre l'instituteur. Ce ne sont pas là devoirs d'écoliers. Préparer à la vie n'est pas faire faire à l'enfant toutes les choses de l'homme, mais le rendre apte à les faire quand l'âge, la raison et le moment seront venus. Cette aptitude naît par des exercices qui annoncent ceux de l'homme, mais s'accommodent à l'âge, à la raison au moment où nous sommes encore. Il ne sera pas ridicule de proposer à nos élèves des thèmes comme ceux-ci : statuts d'une société protectrice des animaux, règlement de la bibliothèque scolaire, réclame d'un libraire aux écoliers, lettre faisant parvenir une souscription en faveur d'enfants malheureux, paroles de bienvenue et de remerciements aux personnes qui viennent amicalement assister à la fête scolaire, compte-rendu de cette fête, etc., etc.

Nous laisserions au cours d'adultes la rédaction des conventions entre particuliers régies par le droit civil et qui veulent des tournures et des formules toutes spéciales, mais nous y préparerions les enfants par la lecture expliquée de nombreux exemples : bail, acte de vente, procuration, reconnaissance de dette, police d'assurances, statuts de mutualité, etc.

— 74 —

De même, mais ceci est très en marge de la composition française, à propos des enseignements qui le désirent, nous apprendrions à lire, à remplir tant de papiers divers qui ennuient trop de grandes personnes : mandat, colis-postal, feuille d'expédition, lettre de voiture, pièces de la régie, feuille de recensement, télégramme, etc.

C. — CORRECTION DE LA COMPOSITION FRANÇAISE

(Voir la *Classe de français au cours élémentaire*).

COORDINATION
DES
PARTIES DE LA CLASSE DE FRANÇAIS

Si le texte de lecture expliquée nourrit toutes les parties de la classe de français, de la règle de grammaire à la règle de composition française, une première unité, et la capitale, s'établit : l'unité de pensée. Toujours, sous les regards les plus diversement curieux, revient le même texte ; un regard prépare le suivant et l'esprit, toujours intéressé, suit sans fatigue le vol ondoyant du même essaim d'idées. Au lieu de s'épuiser et de se rebuter d'exercice en exercice à l'attaque de dix textes différents, ou bien de s'endormir à la seule sonorité d'incohérences tombant de tiret en tiret, il se plaît à ce travail qui se divise agréablement sans cesser de rester lui-même.

La classe de français ainsi « radiée » du texte se renoue toute dans l'exercice de composition française : devoir et compte-rendu. Ce sont les plans sortis des textes qui viennent guider l'invention et la composition comme autant d'instruments généraux au service des thèmes les plus différents ; ce sont les constatations faites dans la façon de développer l'idée en ses détails qui viennent revivre dans la manière de l'enfant par analogies inconscientes ; ce sont les mots de l'explication qui viennent s'employer et amener avec eux autant d'associations qui font rebondir la pensée dans un plan nouveau ; ce sont les formes et les tours de la construction, les règles de la syntaxe qui cherchent leur application dans les occasions venues non seulement du hasard, mais aussi de l'appel secret des souvenirs : lecture toute fraîche et lectures passées conspirent, et de leur matière et de l'enseignement dont elles furent le support, avec la plume du petit apprenti. — Quant à la leçon du compte-rendu, aux corrections qu'elle signale, aux applications qui la terminent, elles sont la revue finale du groupe d'exercices qui sortirent d'un même texte de lecture expliquée.

Ce n'est pas assez que la classe de français se poursuive sur la route des mêmes idées, que les diverses catégories puisent à la même source et se retrouvent au même confluent. Il faut encore que les catégories se touchent, s'entr'aident dans leurs programmes respectifs et que leurs applications dans la composition française soient le résultat d'une préméditation.

Si dans ce dernier ordre de préoccupations, nous avons, par exemple, à propos du texte *le Renard et le Bouc*, examiné la famille du mot prévoyance, il sera bon que le texte de composition française développe l'idée de prévoyance et appelle ainsi les mots qui viennent d'être étudiés. De même, si nous avons examiné le texte de Chamfort *le Savant et le Voleur* au point de vue de l'interrogation et de l'exclamation, il sera bon de choisir un thème où semblable dialogue pourra se développer.

La grammaire et le vocabulaire s'ordonnent nécessairement à la lecture : cela résulte de la méthode même. Mais il revient à l'initiative de chacun de chercher des points de contact entre la grammaire et le vocabulaire. Ce n'est pas impossible : « Au moment où l'on montre la formation du féminin des adjectifs terminés par f, l'idée d'étudier la dérivation des adjectifs où entre le suffixe if ne se présente-t-elle pas tout naturellement, et ainsi de suite pour tous les autres adjectifs ? — Ou bien il s'agit en grammaire du participe passé, comment ne penserait-on pas à expliquer la formation des noms, masculins ou féminins, qui dérivent de participes passés : allée, reçu, permis, entrée, sortie ? — Un autre jour, la leçon porte sur la forme passive : c'est une forme du verbe, sans doute, mais l'idée passive se trouve aussi dans certains mots, par exemple dans des adjectifs en able et en ible (mobilisable = qui peut être mobilisé, exigible = qui peut être exigé). Ces adjectifs viennent tout naturellement composer la leçon de vocabulaire. — Ou bien la grammaire s'occupe du verbe réciproque. Le vocabulaire traitera des préfixes entre, contre, re, qui marquent une idée de réciprocité dans les mots où ils entrent. — En grammaire, nous en sommes à la quantité relative ; au vocabulaire, nous enseignerons comment les suffixes diminutifs eau, et, etc., expriment une chose plus petite qu'une autre, à laquelle elle est implicitement comparée. » (F. Brunot, ouvrage cité).

Le maître peut donc tendre vers l'unité aussi bien dans les leçons diverses et successives qu'il envisage que dans le fond de pensées sur lequel il les institue. Il lui suffit d'interroger sa matière avec quelque philosophie dans le regard.

CONCLUSIONS

I

Nous voici parvenus au terme de notre étude. Les maîtres ont dû s'apercevoir que la « Classe de français » ne peut s'improviser séance tenante, entre la correction d'un problème et le tracé d'une carte.

Que la préparation ne se contente pas de feuilleter, qu'elle fixe par écrit

pour chacun des textes
- 1° l'unité d'intention, le plan, l'explication de détail délicate ;
- 2° les devoirs qui peuvent rayonner du texte;
- 3° les devoirs de composition française.

pour chacune des catégories ....
- les textes qui se rapportent bien à leurs divers points ;
- les concordances à mettre entre leurs programmes.

Que cette préparation évite deux excès contraires : l'indication par simples titres qui se montre la tâche sans la faire, le développement en cours qui copie la substance d'autrui sans la réfracter au prisme de la réflexion personnelle. Qu'elle soit en plans nourris d'exemples, vite parcourus du regard, vite retouchés après la leçon. (Voir les nombreux exemples qui, du cours préparatoire au cours moyen, parsèment ce travail.)

Surtout que cette préparation ne se décourage pas devant l'étendue de sa tâche. Il ne s'agit pas de tout abattre dans un jour, ni même dans une année. Les bons maîtres savent consacrer telle année à telle partie, et, l'année suivante, éclairés et soulagés déjà par la lumière allumée, ils savent tourner leur effort averti vers un autre chapitre.

C'est ainsi qu'ils gardent, toute leur carrière, la jeunesse et la vie de l'esprit sans lesquelles il n'est pas d'expérience digne de ce nom, et que l'école instruit et cultive le maître en même temps que l'élève.

II

Lorsque l'élève quitte l'école primaire, sa provision de règles n'est pas bien lourde. Ce n'est pas lui qui réciterait de bout en bout le « Chassang » ou le « Dussouchet ». Mais si la mémoire des mots sonne le creux, celle des choses et des idées contient, par contre, une richesse bien organisée et bien vivante. Elle est toujours prête à pourvoir, dans la clarté du bon sens, une pensée toujours prête à l'initiative ; et cette initiative s'est assouplie dès les premiers jours de la vie scolaire aux habitudes de l'observation et de la réflexion méthodiques.

C'est parce que les réalités n'ont jamais été séparées de leurs traductions qu'ont pu se former cette mémoire et cet esprit.

« Tout ce qui environne l'enfant a été le livre dans lequel il s'est continuellement enrichi (1) ». Aussi la mémoire s'est approvisionnée des véritables connaissances, de celles qui « servent à l'éducation durant la jeunesse et à la conduite dans tous les temps (1) », de celles qui, par le naturel exercice qu'elles provoquent, deviennent, pour ainsi dire, jugement en même temps que mémoire, aptitude en même temps que notion acquise, esprit en même temps que savoir.

Notre élève n'est pas « instruit par avance de tout (2) », mais, comme l'effort du maître n'a jamais été que de l'amener à prendre goût « à s'instruire lui même de toutes parts (2) », il est permis d'espérer que cet enfant va continuer à observer, à lire, à réfléchir, afin de posséder sa langue assez pour comprendre et se faire comprendre exactement, aisément, qu'il s'agisse d'écriture ou de parole et quelle que soit l'exigence de la destinée que le sort et son mérite lui pourront faire.

Prendre goût, à bien réfléchir, tout n'est-il pas là ? « Or, que notre leçon ne soit plus aisée et naturelle que celle du grammairien, qui y peut faire doute ? En la nôtre, « l'âme trouve où mordre, où se paître, et où se gendarmer ». Partout « il y a prise » et tout « vous éveille l'esprit » et tout « vous chatouille ». « Ce fruit est plus grand, sans comparaison et cependant sera plutôt mûri (3) ».

---

(1) J.-J. Rousseau.
(2) F. Pécaut.
(3) Montaigne.

Documents manquants (pages, cahiers...)
NF Z 43-120-13